1

꽁딸영문법
기초를 위한 필수 개념 이해

고딸 학습진도표

공부 시작한 날 _____ 년 _____ 월 _____ 일

공부 목표 _____ 년 _____ 월 _____ 일 까지 책 끝내기

 영문법이 쏙쏙 기억되는
고딸의 5단계 학습법

1단계 <본문>을 읽으면서 영문법을 술술 이해해요!

영어를 공식처럼 외우지 마세요! 고딸쌤의 쉽고 재미있는 설명과 풍부한 예문을 편안하게 읽다 보면
영문법이 저절로 술술 이해가 되어요. 개념을 배울 때마다 퀴즈도 준비되어 있으니 실력이 늘지 않을 수가 없겠죠?

2단계 <머리에 콕콕>과 <문법 Talk>으로 핵심을 콕콕 다져요!

<머리에 콕콕>에서 문법 표를 완성하고 <문법 Talk>에는 고딸쌤과 함께 문법 대화를 나누며 핵심을 확인해 봐요.
꼭 알아야 할 것만 콕콕 정리하면 머릿속이 시원해집니다.

3단계 <매일 10문장>을 익히며 문법을 활용해요!

문법만 배우고 문장에 적용하지 못하면 아무 소용 없겠죠? 문법을 위한 공부가 아니라
실제 활용하기 위한 문법 공부! 문법을 문장에 적용해야 비로소 나의 것이 됩니다.

4단계 <복습 TEST>로 매일 전날 배운 내용을 복습해요!

문법을 배우고 복습하지 않으면 도루묵! 매 Unit마다 복습 문장 테스트가 준비되어 있어요.
전날 배운 내용을 복습하다 보면 문법이 저절로 오~~래 기억됩니다!

5단계 <종합 TEST>로 나의 실력을 점검해요!

배운 내용을 까먹을 때쯤 종합 TEST가 등장합니다. TEST문제를 풀고, 문장을 완성하며 나의 실력을 점검해요!
단 하나도 놓치지 않고 꼼꼼하게 문법 기초 마스터!

하루에 한 Unit씩 공부하면 **5주 완성**할 수 있어요!

1주차

____월 ____일	____월 ____일	____월 ____일	____월 ____일	____월 ____일	____월 ____일	쉬거나 밀린 Unit 공부하기
Unit 1.	Unit 2.	Unit 3.	Unit 4.	Unit 5.	Unit 6.	

2주차

____월 ____일	____월 ____일	____월 ____일	____월 ____일	____월 ____일	____월 ____일	쉬거나 밀린 Unit 공부하기
Unit 7.	Unit 8.	Unit 9.	Unit 10.	Unit 11.	Unit 12.	

3주차

____월 ____일	____월 ____일	____월 ____일	____월 ____일	____월 ____일	____월 ____일	쉬거나 밀린 Unit 공부하기
Unit 13.	Unit 14.	Unit 15.	Unit 16.	Unit 17.	Unit 18.	

4주차

____월 ____일	____월 ____일	____월 ____일	____월 ____일	____월 ____일	____월 ____일	쉬거나 밀린 Unit 공부하기
Unit 19.	Unit 20.	Unit 21.	Unit 22.	Unit 23.	Unit 24.	

5주차

____월 ____일	____월 ____일	____월 ____일	____월 ____일	쉬거나 밀린 Unit 공부하기		
Unit 25.	Unit 26.	Unit 27.	Unit 28.			

영어 때문에 머리 아프신가요? 저도 그랬어요. 어린 시절 학교에서 평범하게 영어를 공부했던 저에게,
영어는 그냥 시험을 잘 보기 위해 공부해야 할 학과목 중 하나일 뿐이었어요.
그러다 대학교에 가서 처음으로 회화 수업을 들었는데요. 정말 충격을 받고 말았죠.

"학교 다닐 때 영어를 배웠는데 한마디도 제대로 하지 못하다니!"

그 후로 영어를 더 공부해 봐야겠다는 생각에 영문과를 선택했고, 영어권에서 공부해 보고 싶어
뉴질랜드로 교환학생을 갔어요. 외국에서 대학 생활을 하게 된 저는 또다시 큰 충격에 빠졌어요.
이럴 수가! 그동안 토플 공부에 회화 수업에 열심히 공부해서 왔는데, 강의도 알아듣기 힘들고
현지 사람들과 소통하기는 더 힘들더라고요. 하지만 이때 포기하지 않고 계속 공부를 하면서
영어 정복을 위해 좋다는 건 다 한 번쯤 해봤던 것 같아요.

오랜 시간 노력한 끝에 영어가 편해졌고, 저처럼 영어 때문에 절망하시는 분들께
도움을 주고 싶다는 꿈이 생겼어요.

꿈을 이루기 위해 지속적으로 공부를 했고 영어 교육의 일선에서 경험을 쌓아왔습니다.
그러다가 2013년!

뉴질랜드 사람과 결혼을 했어요. 많은 것들이 바뀌었습니다.
그중 가장 큰 변화는 저의 아버지께서는 사위와 가까워지기 위해서
영어 공부를 시작하셨다는 거예요.

아버지께서 영문법 좀 정리해 보고 싶다고 책을 추천해 달라고 하셨는데요.
막상 서점에 가서 책을 보니 아버지 눈높이에 딱 맞는 책이 없더라고요.
대부분 시험 위주의 책이 많았고, 문법 설명이 너무 복잡해 보였어요.

그래서 제가 직접! 고딸영어 블로그를 만들고, 영문법 콘텐츠를 포스팅하기 시작했어요.

그런데 정말 놀랍게도 아주 많은 분들이 블로그를 통해서 함께 공부해 주셨고,
블로그 콘텐츠가 이렇게 책으로 만들어져 여러분의 사랑을 받았습니다.

첫 책이 나온 지도 벌써 6년! 그사이 저는 뉴질랜드로 이사를 왔고 한 아이의 엄마가 되었어요.
엄마가 되고 보니 새로운 고민이 생겼어요. 우리 딸에게 한글과 영어를 같이 가르치고 싶다!
나중에 딸이 커서 <고딸영문법>을 보고 공부할 수 있으면 좋겠다는 생각을 하게 되었고,
초심으로 돌아가 개정판을 출간하게 되었습니다.

영어 공부를 새롭게 다시 시작하고 싶으신 분들께 이 책이 오아시스 같은 책이 되길 바랍니다.

영어 가르치는 게
제일 재미있어요!

고딸
고등어 집 딸내미

취미로
한국어 공부해요!

꿀먹보
뉴질랜드 사람, 고딸 남편

엄마, Daddy!
영문법이 궁금해요~

스텔라
고딸과 꿀먹보의 딸

고딸영문법

기초를 위한 필수 개념 이해

Unit 1. 주어와 동사란?

1. 주어란 무엇인가?

영어 배울 때 꼭 알아야 할 첫 번째 문법! 주어

주어는요! **문장의 주인**이에요. 우리말로 주로 **'~은/는'**으로 해석돼요.

> # 주어: ~은/는

1   **My name** is Stella. 나의 이름은 스텔라예요.

2   **I** am 10 years old. 나는 10살이에요.

3   **This** is my book. 이것은 나의 책이에요.

1은 '나의 이름은'에 해당하는 **My name**이 주어이고

2는 '나는'에 해당하는 **I** 가 주어예요

3은 '이것은'에 해당하는 **This**가 주어랍니다.

영어에서는 보통 **주어로 문장을 시작**해요.

Unit 1.

Quiz 1

다음 문장에서 주어를 찾아 밑줄 그어 보세요.

My room is small. 나의 방은 작다.

'~은/는'으로 해석되는 것이 주어라고 했어요. 주로 문장 맨 앞의 단어들이 다 주어예요.
우리말 해석을 참고해서 보면 '나의 방은'이 주어입니다.

정답 My room

2. 동사란 무엇인가?

동사란 주로 동작을 나타내는 말인데요.
우리말로 주로 '**~다**'로 끝나는 단어가 동사입니다.

> # 동사: ~다

eat 먹다

run 달리다

sleep 자다

cry 울다

먹다, 달리다, 자다, 울다 등등 모두 '**~다**'로 끝나죠? **동사**인 거에요.

Quiz 2

다음 문장에서 동사를 찾아 밑줄 그어 보세요.   Unit 1.

They sleep late. 그들은 늦게 잔다.

'~다'로 끝나는 말이 동사라고 했어요. '잔다'에 해당하는 sleep이 동사예요.   정답 sleep

도대체 왜 **영어에서는 주어와 동사가 중요**한 걸까요?
바로 우리말과 특징이 다르기 때문인데요. 다음 예문을 볼게요.

> # 나는 커피를 좋아한다.

위 문장에서 주어와 동사는 뭘까요? '나는'이 **주어**, '좋아한다'가 **동사**죠.

주어와 동사의 위치를 확인해볼까요?

^{주어} ^{동사}
나는 커피를 좋아한다.

'나는'은 문장 맨 앞에 있는데, '좋아한다'는 문장 맨 뒤에 있어요.
이처럼, **우리말은 일반적으로 주어를 문장 맨 앞에 쓰고 동사는 문장 끝**에 써요.

하지만 영어는 달라요!

주어 다음에 바로 동사를 씁니다.

^{주어} ^{동사}
I like coffee.

주어 I(나는) 다음에 동사 like(좋아한다)를 딱붙여 쓴 거 보이죠?

이 순서를 꼭 기억하고 익숙해지는 연습을 해야 해요.

Quiz 3	다음 우리말에 적합한 영어 문장을 고르세요.	Unit 1.

나는 영어를 공부한다.

① I English study.

② Study I English.

③ I study English.

'나는'에 해당하는 주어 I를 문장 맨 앞에 쓰고요. 그다음에 동사를 써야 해요.
'공부한다'를 의미하는 study가 동사예요.

정답 ③

머리에 콕콕

다음 <보기>에서 알맞은 말을 골라 빈칸을 완성해 보세요.

보기	개념	의미	예
▪ ~다 ▪ 주어	① _____	'~은/는'에 해당되는 말	My name(내 이름은), I(나는)
	동사	'② _____' 로 끝나는 말	eat(먹다), run(뛰다)
	문장 순서	주어 + 동사 ~.	I like coffee. (나는 커피를 좋아한다.)

정답 ① 주어 ② ~다

문법 Talk

매일 10문장

[1-4] 다음 문장에서 주어를 찾아 써 보세요.

1. 우리는 두 대의 차를 가지고 있다. We have two cars. _____

2. 나의 남동생은 학생이다. My brother is a student. _____

3. 수진이는 피자를 좋아한다. Sujin likes pizza. _____

4. 이것은 나의 컴퓨터이다. This is my computer. _____

[5-7] 다음 괄호 안의 동사를 알맞은 곳에 넣어 문장을 완성하세요.

5. 우리는 중국어를 공부한다. We Chinese. (study)

_____

6. 그들은 노래를 잘 부른다. They well. (sing)

_____

7. 나의 엄마는 선생님이다. My mom a teacher. (is)

_____

[8-10] 다음 주어진 단어를 바르게 배열하세요.

8. 나는 여기에 산다. (live / I / here) _____

9. 그 개는 빨리 달린다. (fast / the dog / runs) _____

10. 그녀의 머리는 빨간색이다. (is / red / her hair) _____

[단어] 2. **brother** 남동생, 형, 남자형제 **student** 학생 4. **computer** 컴퓨터 5. **study** 공부하다 **Chinese** 중국어
6. **sing** 노래 부르다 **well** 잘 7. **is** ~이다, 있다 8. **live** 살다 9. **fast** 빨리 10. **hair** 머리카락

엄마~ 오늘은 배운 건 다 알겠는데요.
내일은 다 까먹으면 어떻게 하죠?

걱정하지 마~ 다음 유닛부터는
문장 복습 코너도 준비되어 있어!

Unit 2. 명사란?

1. 명사란 무엇인가?

'명사'는 바로 명찰이라고 생각하면 쉬워요.

> **이름표 = 명찰**
> **이름이 있는 것 = 명사**

이 세상에 있는 **사람, 동물, 장소, 물건** 등등
우리가 부를 수 있는 것들을 모두 **명사**라고 합니다.

desk 책상　　　monkey 원숭이　　　house 집　　　girl 소녀

Quiz 1

다음 중 명사를 <u>모두</u> 골라 보세요.　　　　　　　　　　Unit 2.

① dog(개)　　② teach(가르치다)　　③ milk(우유)

① dog는 동물의 이름이고, ③ milk는 사물의 이름이니 명사예요.
② '가르치다'는 '~다'로 끝나서 동사예요.　　　　　　　　정답 ①, ③

---

2. 명사가 하는 일은?

명사는요! 문장 열차에서 승객 역할을 해요. 동사 칸만 빼고 다른 칸에 모두 탈 수 있어요.

난 **명사**야.
주어 칸에 탈 거야~

주어　　동사

난 여기에
탔지롱~

다음 문장에서 명사를 <u>모두</u> 찾아 동그라미 하세요.   Unit 2.

The boy likes soccer.

boy는 사람을 부르는 명사, soccer는 운동경기를 부르는 명사예요. like는 '좋아하다'라는
동사입니다. 참고로, The boy는 '그 소년은'이란 뜻으로 주어예요. 명사 boy가 the와 함께
주어의 칸에 탔다고 이해하면 됩니다.   정답 boy, soccer

3. 명사의 특징은?

영어에서 명사는 크게 두 가지 특징이 있어요. 첫 번째 특징은 명사가 한 개 있으면,
'하나의'라는 뜻으로 앞에 a 또는 an을 붙여요.

특징 1 하나일 때: a/an + 명사

a book 책 한 권   a car 차 한 대   a ball 공 한 개   a cat 고양이 한 마리

모두 하나가 있으니까 명사 앞에 a를 붙였어요.

그럼, **a와 an의 차이**는 뭘까요?
일반적으로는 a를 쓰고요. **명사가 'a, e, i, o, u'로 시작되는 발음일 때는 an을 써요.**
영어에서 'a, e, i, o, u' 소리는 **모음**이라고 해요.

an <u>a</u>pple
사과 한 개

an <u>o</u>range
오렌지 한 개

an <u>a</u>nt
개미 한 마리

an elephant
코끼리 한 마리

모두 하나 있지만, a가 아니라 **an**을 썼어요. 사과는 a 발음, 오렌지는 o 발음,
개미는 a 발음, 코끼리는 e 발음으로 모두 모음 소리가 나요.

다음 빈칸에 들어갈 수 있는 단어를 고르세요.

Unit 2.

I have an _____.

① bag(가방)　② cup(컵)　③ egg(달걀)

an은 모음(a, e, i, o, u)으로 시작하는 명사와 같이 쓴다고 했어요.
③ egg만 e 모음으로 시작해요.

정답 ③

명사의 두 번째 특징! 명사가 두 개 이상으로 **여러 개 있으면**
'~들'이란 느낌으로 **뒤에 s를 붙여요.**

특징 2 **여러 개일 때: 명사 + s**

books 책들　　　　cars 차들　　　　balls 공들　　　　cats 고양이들

모두 두 개 이상, 즉 여러 개 있기 때문에 **명사 다음에 s를** 붙였어요.

다음 빈칸에 들어갈 수 있는 단어를 고르세요.

Unit 2.

I have five _____.

① pencil　② pens　③ book

다섯 개는 여러 개를 의미하기 때문에 명사 다음에 s가 붙은 형태만 올 수 있어요.
① 연필, ② 펜들, ③ 책을 의미해요. '나는 다섯 개의 펜들을 가지고 있다.'라는 뜻이에요.

정답 ②

3. 명사의 특징은?

지금까지 공부한 두 가지 명사의 특징만 알면,
우리는 영어에서 **단수**와 **복수**를 이해할 수 있어요.

복수는 뭐예요?
누구한테 복수해요?

그 복수가 아니야~
여럿이 있는 걸
복수라고 해.

한 개 있으면 **단순하게 혼자** 있으니 단수라고 하고요.
여러 개 있으면 **복잡하게 여럿** 있으니 복수라고 해요.

특징 1 **단수(하나일 때): a/an + 명사**
특징 2 **복수(여러 개일 때): 명사 + s**

단수, 복수라는 말이 어렵지만 개념은 **단수 = 하나, 복수 = 여러** 개라고 기억해두면 쉬워요.

Quiz 5

다음 중 단수를 <u>모두</u> 고르세요. Unit 2.

① a girl(소녀 한 명) ② doors(문들) ③ a cat(고양이 한 마리)

한 개 있으면 단수이고, 여러 개 있으면 복수라고 했어요. 명사가 단수이면 앞에 a를 붙이고,
복수일 때는 명사 뒤에 s를 붙여요. 정답 ①, ③

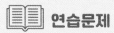

머리에 콕콕

Unit 2.

다음 <보기>에서 알맞은 말을 골라 빈칸을 완성해 보세요.

보기

- 명사
- 복수
- 단수

개념	의미	예
① _____	사람, 동물, 장소, 물건 등등 우리가 부를 수 있는 것	desk(책상), monkey(원숭이)
명사 역할	동사 칸을 제외하고 문장 열차 칸에 탈 수 있음	The boy likes soccer. (그 소년은 축구를 좋아한다.)
명사의 특징	② _____ 일 때: a/an + 명사	a book(책 한 권), an apple(사과 한 개)
	③ _____ 일 때: 명사 + s	books(책들)

정답 ① 명사 ② 단수 ③ 복수

문법 Talk

📶 고딸영문법1 Unit 2. 명사란?   100% 🔋

엄마, 명사는 뭐예요?

desk나 monkey 같은 물건, 동물 등을 부를 수 있는 거야~

엄마! a book에는 왜 a를 붙여요?

'책 한 권' 책이 한 권 있어서

아하! 그럼 books에는 왜 s를 붙여요?

'책들' 여러 개 있어서

고마워요~ 엄마♥

➕ 　　　　　　　　　　　　　 ☺ #

> Unit 2.
매일 10문장

[1-3] 다음 문장에서 명사를 찾아 써 보세요.

1. 그들은 개 한 마리를 가지고 있다.   They have a dog.   _____

2. 우리는 많은 책들을 읽는다.   We read many books.   _____

3 나의 아빠는 키가 크다.   My dad is tall.   _____

[4-6] 다음 중 올바른 것을 고르세요.

4. 나는 가방 한 개를 가지고 있다.   I have (a / an) bag.

5. 그는 사과 한 개를 먹었다.   He ate (a / an) apple.

6. 나는 두 명의 친구가 있다.   I have two (friend / friends).

[7-10] 다음 문장에서 밑줄 친 부분을 바르게 고치세요.

7. I have a <u>birds</u>.   _____

8. They need two <u>cup</u>.   _____

9. My mom bought <u>a</u> onion.   _____

10. There are five <u>flower</u>.   _____

[단어] 2. **read** 읽다 **many** 많은 3. **dad** 아빠 **tall** 키가 큰 4. **bag** 가방 5. **ate** 먹었다 [**eat** 먹다]
6. **friend** 친구 7. **bird** 새 8. **need** 필요로 하다 9. **bought** 샀다 [**buy** 사다] **onion** 양파
10. **there are** ~가 (여러 개) 있다

Unit 1 복습 TEST

[복습] 문장의 빈칸을 완성해 보세요.

1. 나의 남동생은 학생이다.   My _____ is a student.

2. 이것은 나의 컴퓨터이다.   _____ is my computer.

3. 우리는 중국어를 공부한다.   We _____ Chinese.

4. 그들은 노래를 잘 부른다.   They _____ well.

5. 나는 여기에 산다.   I _____ here.

명사가 여러 개 있을 때, 즉 **복수일 때 명사 뒤에 s를** 붙인다고 공부했어요.
일반적으로는 이 법칙이 통하는데요. s말고 다른 것을 붙이는 명사들도 있어요.
그 명사들을 소개할게요.

1. s, x, ch, sh로 끝나는 명사 + es

s, x, ch, sh로 끝나는 단어 다음에는 s가 아니라 es를 붙여요.
s, x, ch, sh를 한 번 발음해 보세요.
'ㅅㅅㅊ쉬' 뭔가 **파도 소리** 같으면서 발음이 거칠죠?

이 거친 발음 뒤에 바로 또 s발음을 붙이면 s발음이 티가 안 나기 때문에
s가 아니라 **es를** 붙이고 /iz/로 발음을 합니다.

예를 들어 볼게요.

---

1) **bus**(버스) – **buses**(버스들)   2) **box**(상자) – **boxes**(상자들)

3) **peach**(복숭아) – **peaches**(복숭아들)   4) **dish**(그릇) – **dishes**(그릇들)

---

1) **bus**는 s로 끝나는 명사. s를 그냥 붙이지 않고 **es를** 붙여야 해요.
2) **box**에서 x는 'ㅅ'발음이죠? 이때 바로 s를 붙이면 발음이 티가 안 나서 **es를** 붙여요.
3) **peach**의 경우에도 끝소리 ch, 즉 'ㅊ'소리가 강하니깐 바로 'ㅅ'발음을 하지 못해요.
그래서 **es를** 붙입니다.
4) **dish**는 끝소리 sh, 즉 '쉬'소리가 강해요. 그래서 s가 아니라 **es를** 붙입니다.

2. y로 끝나는 명사 + ies

y로 끝나는 명사는 s를 그대로 붙이지 않아요. **y를 i로 바꾸고 es를 붙여요.**
y는 고집쟁이라서 맨 끝만 좋아한다고 생각하면 기억하기 쉬워요.

예를 들어 볼게요.

1) **baby**(아기) – **babies**(아기들)   2) **city**(도시) – **cities**(도시들)
3) **cherry**(체리) – **cherries**(체리들)   4) **fly**(파리) – **flies**(파리들)

모두 y로 끝나는 명사예요. 고집쟁이 y를 i로 고치고 **es**를 붙였어요.

그런데! 여기서 주의할 점이 하나 더 있어요.
고집쟁이 y가 맨날 변신하는 게 아니래요.
친구하고 딱 붙어 있으면 마음을 바꿔요~

y의 친구는 누구? 바로 a, e, i, o, u **모음**이요.

<모음 + y> 로 끝나는 명사 + s

예를 들어 볼게요.

1) **boy**(소년) **–** **boys**(소년들)   **2)** **day**(날) **–** **days**(날들)

3) **key**(열쇠) **–** **keys**(열쇠들)   **4)** **toy**(장난감) **–** **toys**(장난감들)

1) **boy**는 y로 끝나는 명사. 앞에 모음 o가 있으니 그냥 **s**를 붙여요.

2) **day**도 y로 끝나지만 복수형 만들 때 y를 i로 바꾸지 않아요.

왜? y앞에 a라는 모음 친구가 있으니까요.

3) **key**는 y로 끝나요. 그런데 모음 e와 같이 썼기 때문에 복수형 만들 때 **s**를 붙여요.

4) **toy**는 모음 o와 y가 같이 있어요. 따라서 복수형으로 **s**를 붙입니다.

3. o로 끝나는 명사 + es

o로 끝나는 명사 다음에는 s가 아니라 **es**를 붙여요.

'o는 es를 좋아해~' 오이?!

1) **potato**(감자) **–** **potatoes**(감자들)

2) **tomato**(토마토) **–** **tomatoes**(토마토들)

3) **hero**(영웅) **–** **heroes**(영웅들)

모두 o로 끝났으니 s가 아니라 **es**를 붙였어요.

단, o로 끝나는 단어들은 **예외들이 존재**해요.

1) **piano**(피아노) **–** **pianos**(피아노들)   **2)** **photo**(사진) **–** **photos**(사진들)

위의 단어들은 o로 끝났지만 복수형 만들 때 그냥 **s**를 붙였어요.

영어가 라틴어, 그리스어 등 여러 언어의 영향을 받아서 만들어졌기 때문에,

예외에 예외가 또 존재한다는 것도 기억하세요.

4. f, fe로 끝나는 명사 + es

f, fe처럼 거친 발음은 f, fe를 v로 바꾸고 es를 붙입니다.

1) leaf(나뭇잎) – **leaves**(나뭇잎들)　　**2) wolf**(늑대) – **wolves**(늑대들)

3) knife(칼) – **knives**(칼들)

1) leaf와 2) wolf는 모두 f로 끝나는 명사예요. f하고 발음이 비슷하지만 울림이 있는

부드러운 v로 바꾸고 **es**를 붙였어요.

3) knife은 fe로 끝나는 명사! fe도 f 발음이니까 v로 바꾸고 **es**를 붙입니다.

Quiz 1

다음 명사의 복수형을 쓰세요.　　　　　　　　　　　　　　　　　Unit 3.

1) bus(버스)　＿＿＿＿＿＿＿＿ (버스들)

2) boy(소년)　＿＿＿＿＿＿＿＿ (소년들)

3) leaf(나뭇잎)　＿＿＿＿＿＿＿＿ (나뭇잎들)

1) bus는 s로 끝나는 명사. 파도 소리! es를 붙여요. 2) boy는 y로 끝나는 명사인데 y 앞에
모음 o가 있어서 그냥 s를 붙여요. 3) leaf는 f로 끝나는 명사. f는 v로 바꾸고 es를 붙여요.　정답 1) buses 2) boys 3) leaves

Daddy!
엉어는 너무
어려워요ㅠㅠ

머리 아프지?
규칙을 외우려고
하지 마~

wolves만 계속 보다 보면
wolfs가 이상하게 보이는
날이 올 거야.

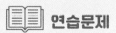

머리에 콕콕

Unit 3.

다음 <보기>에서 알맞은 말을 골라 빈칸을 완성해 보세요.

보기	의미	예
• es • v • 모음 • i	s, x, ch, sh 끝나는 명사 + ① _____	buses(버스들), boxes(상자들)
	y로 끝나는 명사는 y를 ② _____ 로 고치고 + es 단) <③ _____ + y>로 끝나는 명사 + s	babies(아기들), cities(도시들) days(날들), toys(장난감들)
	o로 끝나는 명사는 + es 단) o로 끝나도 s를 붙이는 경우가 있음	potatoes(감자들), tomatoes(토마토들) pianos(피아노들), photos(사진들)
	f, fe로 끝나는 명사는 f, fe를 ④ _____ 로 고치고 + es	knives(칼들), wolves(늑대들)

정답 ① es ② i ③ 모음 ④ v

문법 Talk

▥▥▥ **고딸영문법1** Unit 3. 명사 복수형 만드는 방법   100% 🔋

스텔라~ dish가 여러 개 있으면?

dishes

Good! toy가 여러 개 있으면?

toys

마지막! knife가 여러 개 있으면?

knives

우리 딸 천재!

연습문제

매일 10문장

Unit 3.

[1-4] 다음 중 올바른 것을 고르세요.

1. 나는 두 개의 상자를 가지고 있다. I have two (box / boxes).

2. 그는 세 개의 칼을 샀다. He bought three (knifes / knives).

3. 나는 감자 한 개를 필요로 한다. I need a (potato / potatoes).

4. 그들은 나의 영웅들이다. They are my (heroes / heros).

[5-7] 다음 괄호 안의 단어를 활용하여 빈칸을 완성하세요.

5. 다섯 개의 토마토가 있다. There are five _____. (tomato)

6. 나는 세 개의 복숭아를 먹었다. I ate three _____. (peach)

7. 세 개의 장난감이 있다. There are three _____. (toy)

[8-10] 다음 문장에서 밑줄 친 부분을 바르게 고치세요.

8. We visited two <u>city</u>. _____

9. He saw four <u>wolf</u>. _____

10. There are two <u>bus</u>. _____

[단어] 2. **bought** 샀다 [**buy** 사다] 3. **need** 필요로 하다 5. **there are** ~가 (여러 개) 있다
6. **ate** 먹었다 [**eat** 먹다] 8. **visited** 방문했다 [**visit** 방문하다] 9. **saw** 봤다 [**see** 보다]

[복습] 문장의 빈칸을 완성해 보세요.

1. 그들은 개 한 마리를 가지고 있다. They have _____ _____.

2. 우리는 많은 책들을 읽는다. We read many _____.

3. 그는 사과 한 개를 먹었다. He ate _____ apple.

4. 그들은 두 개의 컵을 필요로 한다. They need two _____.

5. 다섯 송이의 꽃이 있다. There are five _____.

Unit 2 복습 TEST

우리 지금까지 명사의 복수형 만드는 다양한 규칙을 공부했어요.
그러나! 이를 거부한 단어들이 있어요.
일명, 규칙을 따르지 않기 때문에 **불규칙!**
하나씩 살펴 볼게요.

1. 불규칙: e로 변하는 명사

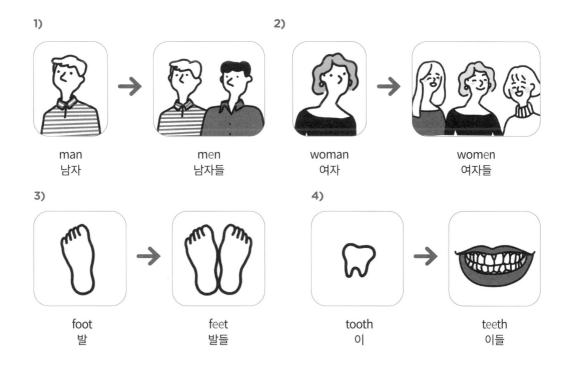

1)
man
남자
→
men
남자들

2)
woman
여자
→
women
여자들

3)
foot
발
→
feet
발들

4)
tooth
이
→
teeth
이들

모두 복수형에 s를 붙이는 것이 아니라 모음이 **e로 변신**했어요.

한 번 teeth를 발음하면서 웃어보세요~
이가 많이 보이죠?
이가 많이 보이는 복수형은 e를 좋아해! teeth

2. 불규칙: 뒷부분이 바뀌는 명사

1)

child
아이

children
아이들

2)

mouse
쥐

mice
쥐들

원래 규칙에 따르면 1) child의 복수형은 s를 붙여서 childs가 되어야 하는데!
개성이 강해서 childs가 아닌! **children**이 복수형이랍니다.

2) mouse도 마찬가지예요. s를 붙이면 안 되고 m 뒷부분의 형태가 달라져서
mice가 되어요.

3. 불규칙: 그대로 쓰는 명사

복수형 만들 때 s나 es 등을 붙이거나 형태를 바꾸지 않고
그냥 그대로 쓰는 명사들도 있어요.

푸른 초원에 양과 사슴, 물고기를 떠올려 보세요.

1) sheep(양) − **sheep**(양들)

2) deer(사슴) − **deer**(사슴들)

3) fish(물고기) − **fish**(물고기들)

여유로워 보이죠?
복수형으로 s 붙일 필요도 없이 잠시 여유로움을 느껴보세요.

sheep의 복수형은 sheeps가 아니라!
s를 붙이지 않고 그냥 **sheep**이라고 해요.
deer도 **fish**도 똑같아요.

Quiz 1

다음 명사의 복수형을 쓰세요.   Unit 4.

1) foot   _____

2) mouse   _____

3) sheep   _____

1) foot(발)의 복수형은 모음 o를 e로 바꾼다고 했어요. 2) mouse(쥐)의 복수형은
뒷부분의 형태가 달라져요. 3) sheep(양)은 s를 붙이지 않고 그냥 그대로 써요.   정답 1) feet 2) mice 3) sheep

외울 게 너무 많다고요?

한꺼번에 갑자기 외우지 않아도 돼요.

'그냥 이런 게 있구나'라고 편안한 마음으로 자주 보는 게 중요합니다.

언제까지? 익숙해질 때까지요!

그리고 만약 공부할 때 복수형이 생각나지 않는다면?

어학 사전 검색해 보고 그때그때 머리에 넣어 두면 돼요.

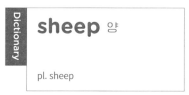

Dictionary

sheep 양

pl. sheep

pl. 보이죠? pl.은 영어로 plural의 줄임 표시로 복수를 의미해요.

Dictionary

child 아이, 어린이

pl. children

foot 발

pl. feet

아하~ pl.이 저런 의미였군요~

영어 공부할 때는 사전을 자주 찾아봐야 해~

머리에 콕콕

Unit 4.

다음 <보기>에서 알맞은 말을 골라 빈칸을 완성해 보세요.

보기

- child
- sheep
- men

의미	예
모음이 e로 변하는 명사	man(남자) → ① _____(남자들) foot(발) → feet(발들)
뒷부분이 바뀌는 명사	② _____(아이) → children(아이들)
그대로 쓰는 명사	sheep(양) → ③ _____(양들) deer(사슴) → deer(사슴들)

정답 ① men ② child ③ sheep

문법 Talk

고딸영문법1 Unit 4. 명사 불규칙 복수형   100%

스텔라~ 치아가 여러 개 있으면?

tooth

땡! tooth는 치아 한 개!

아! 맞다~

teeth죠?

딩동댕! 복수형은 e를 좋아해!

Thank you, Daddy♥

매일 10문장

[1-4] 다음 중 올바른 것을 고르세요.

1. 세 마리의 양이 있다.   There are three (sheep / sheeps).

2. 나는 네 명의 여자를 보았다.   I saw four (woman / women).

3. 그녀는 두 명의 아이들이 있다.   She has two (child / children).

4. 나의 오른쪽 발이 아프다.   My right (foot / feet) hurts.

[5-7] 다음 괄호 안의 단어를 활용하여 빈칸을 완성하세요.

5. 두 명의 남자가 있다. There are two _____. (man)

6. 그 고양이는 세 마리의 쥐를 잡았다. The cat caught three _____. (mouse)

7. 나의 (두) 발이 차갑다. My _____ are cold. (foot)

[8-10] 다음 밑줄 친 부분이 맞으면 O, 틀리면 X를 하고 바르게 고치세요.

8. The baby has a <u>tooth</u>.   _____

9. He saw three <u>fish</u>.   _____

10. There are many <u>child</u>.   _____

[단어] 1. **there are** ~가 (여러 개) 있다 2. **saw** 보았다 [**see** 보다] 4. **right** 오른쪽의 **hurt** 아프다
6. **caught** 잡았나 [**catch** 잡다] 7. **cold** 차가운 8. **baby** 아기 10. **many** 많은

Unit 3 복습 TEST

[복습] 문장의 빈칸을 완성해 보세요.

1. 나는 두 개의 상자를 가지고 있다.   I have two _____.

2. 나는 감자 한 개를 필요로 한다.   I need a _____.

3. 다섯 개의 토마토가 있다.   There are five _____.

4. 우리는 두 도시를 방문했다.   We visited two _____.

5. 그는 네 마리의 늑대를 보았다.   He saw four _____.

Unit 5. 셀 수 있는 명사와 셀 수 없는 명사

우리 지금까지 명사가 단수이면 앞에 a나 an을 붙이고,
복수이면 뒤에 s를 붙이는 법칙을 공부했어요.

그런데 이 법칙은요~ **셀 수 있는 명사**에만 적용이 되고,
셀 수 없는 명사에는 통하지 않아요.

이럴 수가!
이 세상에 셀 수 없는
명사도 있어요?

세상에 하나뿐인 것,
모양이 다양한 것,
추상적인 것은
셀 수 없단다~

대부분의 명사는 셀 수 있어요!
셀 수 없는 명사가 특이한 경우인데요.
셀 수 없는 명사는 크게 세 가지로 나눠 볼 수 있어요.

1. 세상에 하나뿐인 고유한 명사

Ann(앤) **Juwon**(주원) **Seoul**(서울) **China**(중국)

사람 이름, 도시 이름, 국가 이름 등과 같이
세상에 하나뿐인 명사는 셀 수가 없다고 여겨요. 하나뿐이니까! 셀 필요가 없죠.

이 세상에 하나만 있어 고유하기 때문에 **고유명사**라고 불러요.
그리고 고유하다는 것을 표시하기 위해서 첫 글자는 **대문자**로 써요.

Ann, Juwon, Seoul, China

첫 글자를 모두 대문자로 쓴 것 확인하세요.

2. 상황에 따라 모양이 다양해지는 물질명사

일정한 형태가 없고 그때그때 모양이 다른 명사는 셀 수 없어요.

세려고 하는데 기준이 모호한 경우요!

다양한 예를 통해서 살펴 볼게요.

① 액체, 기체처럼 형체가 변하는 명사

water(물) **air**(공기) **milk**(우유)

물, 공기, 우유는 왜 셀 수 없을까요?

물을 예로 들어 볼게요. 제가 '물' 하고 외쳤어요.

여러분 머릿속에 어떤 물의 모양이 떠올려지나요?

모두 물은 맞지만

사람마다 다른 모양을 상상할 수 있겠죠?

액체, 기체처럼 **정해진 형태가 없어서 규정하기 힘든 것**은

물질명사에 속하며 **셀 수 없는 명사**로 여깁니다.

② 깨알 물질명사

sand(모래) **sugar**(설탕) **salt**(소금) **rice**(쌀) **flour**(밀가루)

모래, 설탕, 소금, 쌀, 밀가루는
모두 알갱이가 매우 작고 여러 개가 뭉쳐서 같이 있죠?
하나씩 세기도 어렵고 뭉쳐 있는 형태도 다르기 때문에 셀 수 없다고 여겨요.

예를 들어,
제가 '설탕' 하고 외쳤어요!

어떤 이미지의 설탕이 떠오르나요?

설탕 한 숟가락, 통에 들어 있는 설탕, 봉지에 들어 있는 설탕, 그릇 속 설탕 등
사람마다 다른 모양을 생각할 거예요.

이렇게 깨알 물질명사는 **모여 있는 형태가 일정하지 않고**
어디에 담겨 있는지에 따라 **형태가 변하기 때문**에 셀 수 없는 것으로 여깁니다.

③ 모양이나 가치가 다른 종류의 것을 합쳐 부르는 명사

money(돈) gold(금) paper(종이) bread(빵) cheese(치즈)

> 말도 안 돼~
> 돈은 당연히 셀 수 있지 않나요?
> 한국어로 돈 좀 세어 봐~.
> 이렇게 말하잖아요!

돈은 **셀 수 없는 명사**예요.
왜? '돈!' 이라고 했을 때 동전일 수 있고,
5만 원을 생각하는 사람도 있고,
100달러를 생각하는 사람도 있으니까요.

돈이라는 단어는 달러, 동전, 원 등 가치가 다른 것들을
합쳐서 부르는 것이기 때문에 **셀 수 없는 명사**로 여겨요.

단, 달러와 같이 특정 화폐 단위는 셀 수 있어요.
1달러의 형태와 가치는 분명하니까요.
one dollar, two dollars, three dollars 이렇게요.

금도 마찬가지예요. 금목걸이, 금메달, 금 트로피 등
여러 가지를 합쳐서 부르기 때문에 셀 수 없고요.

종이도 작은 메모지부터, 전지, 벽지 등 여러 종류를
합쳐서 부르기 때문에 셀 수 없어요.

그럼, 빵은
왜 셀 수 없어요?
나 점심 때
빵 하나 먹었는데!!
'하나' 셀 수 있잖아요~

빵 모양을
생각해 봐~

빵도 덩어리 빵, 잘려져 있는 빵 등 형태가 다양할 뿐만 아니라
팥빵, 바게트, 슈크림 등 다양한 종류를 모두 포함하는 말이라서
셀 수 없어요.

치즈도 큰 덩어리 치즈, 슬라이스 치즈 등 형태가 다양하고
리코타 치즈, 블루 치즈 등 여러 종류를 합쳐서 부르니 셀 수 없다고 여깁니다.

이처럼, 어떤 사물에 대해서 말했을 때
그 **형태가 일정하지 않은 것**들은
셀 수 없는 명사예요.

3. 추상적인 개념을 나타내는 명사

---

love(사랑)　peace(평화)　freedom(자유)　truth(진실)　hope(희망)

추상적인 개념을 나타내는 명사도 **셀 수가 없어요**.
눈에 딱 물질로 보이지 않는 개념이니까요.

예를 들어,
우리 사랑 한 개, 사랑 두 개, 이런 말 쓰나요? 안 쓰죠?

사랑, 평화, 자유, 진실, 희망
모두 추상적이기 때문에 셀 수 없어요.

4. 셀 수 없는 명사의 특징

그럼, 도대체 왜 셀 수 있는 명사와 셀 수 없는 명사를 구분해야 하는 걸까요?
둘의 특징이 다르니까요.
무슨 특징?

셀 수 없는 명사의 특징은 간단해요!
셀 수 있는 명사와 달리
단수일 때 a를 붙이고 복수일 때 s를 붙이는 게 적용되지 않아요.

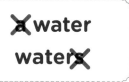

a는 '하나의', s는 '~들'이란 의미인데,
셀 수 없는 명사는 셀 수 없으니까 하나, 여러 개 이렇게 표현하지 않아요.

그리고 복수형이 없어서 **단수로 취급합니다.**
이것만 기억하면 끝!

머리에 콕콕

Unit 5.

다음 <보기>에서 알맞은 말을 골라 빈칸을 완성해 보세요.

보기	셀 수 없는 명사	예
• love(사랑) • bread(빵) • Seoul(서울)	세상에 하나뿐인 고유한 명사	① _____, Ann(앤), China(중국)
	상황에 따라 모양이 매우 다양해지는 물질명사	water(물), sugar(설탕), ② _____, paper(종이)
	추상적인 개념을 나타내는 명사	③ _____, peace(평화), hope(희망), truth(진실)
	특징1) a나 s를 붙이지 않음 특징2) 주어로 쓸 때 단수로 취급	

정답 ① Seoul(서울) ② bread(빵) ③ love(사랑)

문법 Talk

📶 고딸영문법1 Unit 5. 셀 수 있는 명사와 셀 수 없는 명사 100% 🔋

Daddy! 우유는 왜 셀 수 없어요?

액체라서 형태가 계속 변하니까

설탕은 왜 셀 수 없어요?

알갱이가 너무 작고 어디에 담는지에 따라 형태가 다르니까

그럼, 종이는 왜 셀 수 없어요?

종이는 종류도 매우 다양하고 크기도 다양하니까

엉엉. 영어 어려워요.

매일 10문장

[1-3] 다음 중 밑줄 친 명사를 셀 수 있으면 O, 셀 수 없으면 X표를 하세요.

1. 앤드류는 소방관이다. <u>Andrew</u> is a firefighter. _____

2. 나는 두 개의 오렌지를 가지고 있다. I have two <u>oranges</u>. _____

3. 나는 종이를 조금 필요로 한다. I need some <u>paper</u>. _____

[4-7] 다음 중 올바른 것을 고르세요.

4. 그녀의 이름은 릴리이다.　　Her name is (a Lily / Lily).

5. 나는 빵을 조금 원한다.　　I want some (bread / breads).

6. 그 물은 깨끗하다.　　The (water / waters) is clean.

7. 그들은 런던에 산다.　　They live in (London / london).

[8-10] 다음 밑줄 친 부분이 맞으면 O, 틀리면 X를 하고 바르게 고치세요.

8. I will buy some <u>cheese</u>. _____

9. We want <u>a freedom</u>. _____

10. She met <u>jane</u> last night. _____

[단어] 1. **firefighter** 소방관 3. **some** 약간의, 조금 5. **want** 원하다 6. **clean** 깨끗한 7. **live** 살다
8. **will** ~할 것이다 **buy** 사다 10. **met** 만났다 [**meet** 만나다] **last night** 어젯밤

[복습] 문장의 빈칸을 완성해 보세요.

1. 나는 네 명의 여자를 보았다.　　I saw _____ _____.

2. 그녀는 두 명의 아이들이 있다.　　She has _____ _____.

3. 그 고양이는 세 마리의 쥐를 잡았다.　　The cat caught _____ _____.

4. 그 아기는 이 한 개를 가지고 있다.　　The baby has a _____.

5. 그는 세 마리의 물고기를 보았다.　　He saw three _____.

명사 개념을 정리하기 전에
여러분들이 많이 궁금해하는 질문들을 모아봤어요.

질문 1) 어디선가 a paper라고 본 거 같아요.

만약, a paper를 발견했다면 영어 공부를 많이 한 거예요!
원래 법칙대로 하면 paper는 셀 수 없는 명사니까
a를 붙이면 안 되는 게 맞아요!
그런데?

I will buy a paper.

여기서는 왜 a를 붙인 걸까요?
a paper는요.

종이란 뜻이 아니라, **신문**이란 뜻이에요.
위의 문장은 "나는 신문을 살 거야."라는 뜻이 되어요.

paper와
a paper가
다른 뜻이라니!

paper = 종이
a paper = 신문

질문 2) 셀 수 있는지 없는지 헷갈리면 어떻게 하나요?

셀 수 없는 명사가 뜻에 따라 셀 수 있게 되는 경우도 있어요.
헷갈리면 사전에 검색해 보면 다 나옵니다.

일단 paper라고 검색해 볼게요.

> **Dictionary**
>
> # paper
>
> 1. [U] 종이
> 2. [C] 신문

단어 뜻 앞에 U하고 C가 보이나요?
이게 셀 수 있는지 없는지를 나타내는 기호인데요.

U는 Uncountable noun으로 '**셀 수 없는 명사**'
C는 Countable noun으로 '**셀 수 있는 명사**'를 나타내요.

> ## U = 셀 수 없는 명사
> ## C = 셀 수 있는 명사

따라서 paper는 1번! 종이란 뜻으로 U이니까 셀 수 없고요.
2번은 신문이란 뜻으로 C이면 셀 수 있는 명사라고 확인할 수 있어요.

사전에는 뜻만 있는 게 아니라
쓰임까지 정리되어 있으니
꼼꼼하게 확인해야 해~

네~!

질문 3) 그럼 종이를 세고 싶을 때는 어떻게 하나요?

여기 보세요. 종이가 몇 장 있나요?

두 장이죠?
종이는 셀 수 없다고 여기지만
이렇게 규격화된 종이는 셀 수 있다고 여겨요.

어떻게요? 바로!
a sheet of처럼 단위를 나타내는 표현을 쓰면 되어요.

a sheet of = 한 장

두 장이니까 **two sheets of paper**라고 합니다.
sheet는 셀 수 있다고 여겨서 두 개 이상일 때 s를 붙여야 해요.

종이뿐만이 아니에요.
상황에 따라 모양이 다양해지는 물질명사들도 규격화시켜 두면,
단위를 나타내는 표현을 이용해서 셀 수가 있어요.

a bottle of 한 병

a cup of 한 컵

a slice of 한 (얇은) 조각

a glass of 한 (유리)잔

a bowl of 한 그릇

a piece of 한 조각

그럼 다음 표현을 영어로 써 볼까요?

① **커피 세 컵** ② **물 한 병**

① 커피가 액체라서 셀 수 없지만, 컵에 담겨 있으면 형태가 일정해져서
a cup of 라는 단위를 사용해서 셀 수 있어요.

three cups of coffee

여기서 주의할 점!
컵이 세 개 있죠? 따라서 three cups of라고 써야 합니다.
cup은 셀 수 있으니 s를 붙이는 것까지 챙겨야 해요.

② 물도 셀 수 없지만, 병에 담겨 있는 단위를 사용하면 셀 수 있어요.
a bottle of를 사용해서 써요.

a bottle of water

Quiz 1	다음 중 '밥 두 그릇'을 바르게 영어로 옮긴 것을 고르세요.	Unit 6.

① a bowl of rice   ② two slices of rice   ③ two bowls of rice

쌀은 셀 수 없지만 그릇에 담겨 있으면 셀 수 있어요. 그릇의 개념으로 a bowl of를 씁니다.
두 그릇이기 때문에 two bowls of rice라고 써야 해요.

정답 ③

41

질문 4) 복수형으로만 쓰는 명사들이 있나요?

한국어와 달리 영어에서는 **항상 복수형으로 쓰는 명사**들이 있어요.
여기 가위가 있어요.
가위를 영어로 뭐라고 할까요?

scissor라고 해야 할 것 같죠? 땡! 아닙니다.

가위는 scissors 항상 복수형으로 써야 해요.
왜? 두 개의 날이 모여 하나의 역할을 하기 때문이에요.

가위처럼 두 개가 짝꿍이 되어 하나의 역할을 하는 물체는 모두 **복수형**으로 써요.

glasses 안경   shorts 반바지   pants 바지   jeans 청바지

안경은 두 개의 렌즈가 합쳐져 하나의 안경이 되고
반바지와 **바지**, **청바지**는 모두 다리 부분이 두 개로 연결되어 있으니까 복수형으로 써요.

가위 한 자루라고 말하고 싶을 때는 어떻게 쓸까요?

가위 한 자루

scissors가 복수형이니까 a를 붙일 수가 없어요.

a sc~~i~~ssors

대신 단위를 나타내는 a pair of를 써요.

a pair of = 한 쌍 (켤레 / 짝 / 벌)

따라서 가위 한 자루

a pair of scissors

그럼 가위 두 자루는 어떻게 표현할까요?

two pairs of scissors

pair는 셀 수 있으니까 두 개 이상일 때는 pair에 s를 붙여야 합니다.

Quiz 2

다음 빈칸에 알맞은 말을 쓰세요.   Unit 6.

바지 세 벌 = three _____ of pants

바지는 항상 복수형으로 써야 하므로 a pair of라는 단위를 이용해요.
세 벌이기 때문에 pair에 s를 붙여야 해요.   정답 pairs

머리에 콕콕

Unit 6.

다음 <보기>에서 알맞은 말을 골라 빈칸을 완성해 보세요.

보기
• a pair of
• bottle
• a paper
• 셀 수 없는 명사

질문	답
paper와 a paper의 차이점	• paper '종이'란 뜻으로 셀 수 없는 명사 • ① _____ 는 '신문'이란 뜻으로 셀 수 있는 명사
사전에서 셀 수 있는 명사와 없는 명사 기호	• U = ② _____ • C = 셀 수 있는 명사
셀 수 없는 명사를 세는 방법	a ③ _____ of(한 병), a cup of(한 컵), a slice of(얇은 조각), a glass of(한 잔), a bowl of(한 그릇) 등
복수형으로 쓰는 명사	• glasses(안경), shorts(반바지), pants(바지) 등 • 개수를 셀 때는 ④ _____ 라는 단위를 사용함

정답 ① a paper ② 셀 수 있는 명사 ③ bottle ④ a pair of

문법 Talk

📶 고딸영문법1 Unit 6. 명사 Q & A   100% 🔋

신문은 영어로?

a paper

물 한 병은 영어로?

a bottle of water

신발 두 켤레를 영어로?

two pairs of shoes

짝짝짝!👍

➕ [   ] 😊 #

매일 10문장

[1-4] 다음 중 올바른 것을 고르세요.

1. 그는 오늘 아침에 신문을 샀다.   He bought (paper / a paper) this morning.

2. 나는 밥 한 그릇을 먹었다.   I ate (a rice / a bowl of rice).

3. 나는 하루에 물 다섯 잔을 마신다.   I drink five (glass / glasses) of water a day.

4. 나의 바지는 새것이다.   My (pant / pants) are new.

[5-7] 다음 괄호 안의 단어를 활용하여 빈칸을 완성하세요.

5. 그는 커피 두 컵을 마셨다.   He drank two _____ of coffee. (cup)

6. 나는 종이 세 장을 가지고 있다.   I have three _____ of paper. (sheet)

7. 그녀는 청바지 두 벌을 샀다.   She bought two _____ of jeans. (pair)

[8-10] 다음 우리말에 알맞도록 밑줄 친 부분을 바르게 고치세요.

8. 그들은 종이를 조금 가지고 있다.   They have some <u>a paper</u>.   _____

9. 나는 우유 한 잔을 원한다.   I want a glass of <u>milks</u>.   _____

10. 그는 선글라스 세 개를 가지고 있다.   He has three <u>pair</u> of sunglasses.   _____

[단어] 1. bought 샀나 [buy 사나] this morning 오늘 아침 2. ate 먹었다 [eat 먹다] 3. a day 하루에
   4. new 새것의 5. drank 마셨다 [drink 마시다] coffee 커피 8. some 약간의, 조금 9. want 원하다

Unit 5 복습 TEST

[복습] 문장의 빈칸을 완성해 보세요.

1. 나는 두 개의 오렌지를 가지고 있다.   I have two _____.

2. 나는 빵을 조금 원한다.   I want some _____.

3. 그 물은 깨끗하다.   The _____ is clean.

4. 그들은 런던에 산다.   They live in _____.

5. 나는 치즈를 조금 살 것이다.   I will buy some _____.

Unit 7. a와 the의 차이점은?

1. a와 the의 기본적인 뜻

다음 문장을 비교해 봅시다.

> **(A) I have a book.**
> **(B) I have the book.**

두 문장의 차이점은 뭘까요?

(A)의 a book은 '책 한 권'이고 the book은 '그 책'이란 뜻이랍니다.

| **a**
하나의 | **VS** | **the**
그 |

a는 Unit 2에서 배웠죠? '하나의'라는 뜻!
the의 '그'는요, **"있잖아, 그 책."** 이런 느낌으로
이전에 말한 적이 있어서 듣는 사람과 말하는 사람이 무엇을 지칭하는지
알고 있는 책을 의미해요.

따라서, **a book**이라고 하면 **아무 책이나 한 권**
the book이라고 하면 서로 알고 있는 **'그 책'**이 되어요.

만약에 외국인 친구가

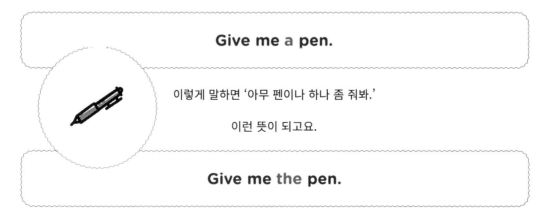

> **Give me a pen.**

이렇게 말하면 '아무 펜이나 하나 좀 줘봐.'

이런 뜻이 되고요.

> **Give me the pen.**

이렇게 말하면 나도 알고 너도 아는 그 펜을 달라는 거예요.

46

문장에서 a와 the를 쓸 때 제일 기본적인 규칙은요.
처음 언급할 때는 a를 쓰고
다시 언급할 때는 the를 써요.

쉽게 말하면
처음 말하면, 듣는 사람은 처음 들었으니까 **a**

또다시 반복해서 말하면, 듣는 사람은
'아, 방금 이야기했던 그걸 의미하는구나'라고
생각할 테니까 **the**를 써요.

예문을 볼게요.

I have a computer. The computer is new.

(나는 컴퓨터 한 대를 가지고 있어. 그 컴퓨터는 새 거야.)

처음 언급할 때는 a, 두 번째 언급할 때는 the를 썼어요.

Quiz 1	다음 빈칸에 알맞은 말을 쓰세요.	Unit 7.

I have a dog. _____ dog is brown.

a dog를 한 번 언급했고 다시 언급하기 때문에 the를 써야 해요.
'나는 개 한 마리를 가지고 있어. 그 개는 갈색이야.'라는 뜻입니다.

정답 The

앞에서 a와 the의 의미 차이를 배웠는데요.
의미 차이 상관없이 무조건 the를 써야 하는 경우를 소개할게요.

1) 유일한 자연물

the moon 달   the sun 태양   the sky 하늘   the earth 지구

세상에 하나뿐인 달, 태양, 하늘, 지구 앞에는 the를 써요.
a를 쓰면 안됩니다.

달, 태양, 하늘, 지구를 생각해 보세요.
누구에게 말해도 그 대상이 무엇인지 당연히
알기 때문에 **the**를 쓰고요.
해석할 때 굳이 '그'라는 의미를 넣지는 않아요.

2) 악기 연주

play the piano
(피아노를 연주하다)

악기 연주할 때는 a가 아니라 **the**를 써요.
play **the** violin(바이올린을 연주하다), play **the** cello(첼로를 연주하다)
모두 똑같이 the를 쓰고 the를 '그'라고 해석하지 않아요.

피아노, 바이올린, 첼로 등을 연주하는 것은
특정한 기술이라서 **the**를 쓴다고 기억해요!

a와 the의 쓰임은 공부를 많이 하면 할수록 더 어려워지는 문법이에요.
원어민들도 실수하기도 하고요. 그러니 너무 스트레스 받지 맙시다!

Unit 7.

머리에 콕콕

다음 <보기>에서 알맞은 말을 골라 빈칸을 완성해 보세요.

보기
- 자연물
- 처음
- 그

a와 the	뜻	쓰임	예
a	(어떤) 하나의	① _____ 언급할 때 씀	a book(책 한 권)
the	② _____	• 상대방이 알고 있다고 가정하는 것을 말할 때 씀 • 다시 언급할 때 씀 • 유일한 ③ _____ 앞에 씀 • 악기 연주할 때 악기 명 앞에 씀	the book(그 책) the moon(달) play the piano (피아노를 연주하다)

정답 ① 처음 ② 그 ③ 자연물

문법 Talk

📶 **고딸영문법1** Unit 7. a와 the의 차이점은?   100% 🔋

엄마! a는 언제 써요?

한 개 있을 때!

그럼 the는요?

상대방이 알고 있는 것일 때!

the를 꼭 써야 할 때도 있어요?

유일한 자연물 앞에, 악기 명 앞에 the를 써야 해.

a와 the는 알면 알수록 더 헷갈리는데, 일단 오늘 배운 것부터 꼭 기억하렴♥

Unit 7.

매일 10문장

[1-4] 다음 중 우리말에 알맞도록 올바른 것을 고르세요.

1. 나는 연필 한 개를 가지고 있다.   I have (a / the) pencil.

2. 그 영화는 재미있다.   (A / The) movie is fun.

3. 그녀는 나에게 책 한 권을 주었다.   She gave me (a / the) book.

4. 달이 밝다.   (A / The) moon is bright.

[5-7] 다음 빈칸에 a 또는 the를 넣으세요.

5. I have a bag. _____ bag is old.

6. There is _____ tree. The tree is big.

7. I saw a cat. _____ cat has a short tail.

[8-10] 다음 밑줄 친 부분이 맞으면 O, 틀리면 X를 하고 바르게 고치세요.

8. A sky is dark.   _____

9. I can play a violin.   _____

10. There is a dog. The dog has long legs.   _____

[단어] 1. **pencil** 연필 2. **movie** 영화 **fun** 재미있는 4. **bright** 밝은 5. **old** 오래된
7. **saw** 봤다 [**see** 보다] **tail** 꼬리 8. **dark** 어두운 10. **long** 긴 **leg** 다리

[복습] 문장의 빈칸을 완성해 보세요.

1. 나는 밥 한 그릇을 먹었다.   I ate a _____ of rice.

2. 나는 하루에 물 다섯 잔을 마신다.   I drink five _____ of water a day.

3. 나의 바지는 새것이다.   My _____ are new.

4. 그는 커피 두 컵을 마셨다.   He drank two _____ of coffee.

5. 그는 선글라스 세 개를 가지고 있다.   He has three _____ of _____.

Unit 8. 종합 TEST

A. 다음 문제를 풀어 보세요.

1 다음 밑줄 친 단어 중 주어가 <u>아닌</u> 것을 고르세요.

① <u>We</u> have two cars.

② <u>This</u> is my computer.

③ <u>Her hair</u> is red.

④ The dog <u>runs</u> fast.

[2-4] 다음 빈칸에 알맞은 말을 고르세요.

2

There is a _____.

① books   ② cups

③ bag   ④ cats

3

I have an _____.

① pen   ② desk

③ orange   ④ banana

4

He saw two _____.

① elephant   ② boy

③ fly   ④ girls

[5-6] 다음 괄호 안의 단어를 활용하여 빈칸을 완성하세요.

5

I have three _____. (box)

6

The baby has four _____. (tooth)

7 다음 빈칸에 a가 들어갈 수 있는 것을 고르세요.

① I will visit _____ Seoul.

② People want _____ freedom.

③ I want _____ sugar.

④ She needs _____ computer.

8 다음 밑줄 친 부분이 올바르지 <u>않은</u> 것을 고르세요.

① I bought two <u>pair</u> of shoes.

② He needs a <u>bottle</u> of water.

③ I ate a <u>piece</u> of pizza.

④ I drank two <u>cups</u> of coffee.

[9-10] 다음 빈칸 안에 a 또는 the를 넣으세요.

9

I have _____ bag.

나는 가방 한 개를 가지고 있다.

10

_____ earth is round.

지구는 둥글다.

B. 문장의 빈칸을 완성해 보세요.

1 그들은 개 한 마리를 가지고 있다.   They have _____ _____.

2 그는 사과 한 개를 먹었다.   He ate _____ _____.

3 그는 세 개의 칼을 샀다.   He bought _____ _____.

4 나는 네 명의 여자를 보았다.   I saw _____ _____.

5 그녀는 두 명의 아이들이 있다.   She has _____ _____.

6 나는 빵을 조금 원한다.   I want some _____.

7 나는 종이를 조금 필요로 한다.   I need some _____.

8 나는 밥 한 그릇을 먹었다.   I ate a _____ of rice.

9 그는 선글라스 세 개를 가지고 있다.   He has three _____ of sunglasses.

10 하늘이 어둡다.   _____ _____ is dark.

C. 다음 밑줄 친 부분을 바르게 고쳐 보세요.

1 나의 엄마는 양파 한 개를 사셨다.   My mom bought <u>a</u> onion.   _____

2 다섯 개의 토마토가 있다.   There are five <u>tomato</u>.   _____

3 그는 늑대 네 마리를 보았다.   He saw four <u>wolf</u>.   _____

4 그 고양이는 세 마리의 쥐를 잡았다.   The cat caught three <u>mouses</u>.   _____

5 세 마리의 양들이 있다.   There are three <u>sheeps</u>.   _____

6 그녀의 이름은 릴리이다.   Her name is <u>a Lily</u>.   _____

7 그들은 런던에 산다.   They live in <u>london</u>.   _____

8 그는 커피 두 컵을 마셨다.   He drank two <u>cup</u> of coffee.   _____

9 달이 밝다.   <u>A</u> moon is bright.   _____

10 나는 바이올린을 연주할 수 있다.   I can play <u>a</u> violin.   _____

고딸영문법

기초를 위한 필수 개념 이해

대명사는요. 명사 대신 쓰는 말이에요.

대명사 = 명사 대신 쓰는 말

영어에서는 지시, 인칭, 소유, 부정, 의문대명사 등 다양하게 있지만
우리는 기초 단계에 꼭 필요한 세 가지 먼저 배울 거예요.

대명사	1) 인칭대명사
	2) 소유대명사
	3) 지시대명사

엄마, 얼핏
보기만 해도 너무
어려워 보여요~

용어가 너무 낯설지?
막상 하나씩 보면
이해하기 쉬울 거야~

1. 인칭대명사란

인칭대명사 = 주로 사람 명사를 대신 지칭해서 쓰는 말
때론 동물도 포함

사람 명사를 대신해서 쓰는 게 인칭대명사예요.
한자 '사람 인(人)' 자를 떠올리면 기억하기 쉽겠죠?

여기 Tom이라는 소년이 있어요.

우리 Tom에 대해 이야기를 할 때,

"Tom은 내 친구야."
"**그 애** 어디 살아?"
"**그 애** 몇 살이야?"

이렇게 Tom 대신에 '그 애'라는 표현을 쓰죠?
이 '그 애'라는 말이 인칭대명사예요.

영어에는 다음과 같은 **인칭대명사**가 있어요.

I (나는)   **We** (우리는)   **You** (너는/너희는)

He (그는)   **She** (그녀는)   **It** (그것은)   **They** (그들은/그것들은)

I는 이름 대신에 나 자신을 지칭하는 말
We는 나와 다른 이들을 함께 부르는 말
You는 너 혼자 또는 너와 다른 이들을 함께 부르는 말

He는 남자를, **She**는 여자를 지칭하는 말
It은 물건이나 동물을 말할 때
They는 사람이 여러 명, 물건이나 동물이 여럿일 때 써요.

1. 인칭대명사란

예문을 함께 볼게요.

This is Sam. (이 사람은 샘이다.)
He is my brother. (그는 나의 동생이다.)

Sam이라는 남자 이름 대신에 He를 썼어요.

I know Dave and Amy. (나는 데이브와 에이미를 알아).
They are cooks. (그들은 요리사야.)

Dave and Amy는 두 명을 의미하죠? 여럿을 의미하니 They를 썼어요.

Jack and I are students. (잭과 나는 학생이야.)
We go to the same school. (우리는 같은 학교에 다녀.)

Jack과 I는 두 명인데, '나'를 포함하고 있죠? 이때는 We를 써요.

I have a book. (나는 책 한 권을 가지고 있어.)
It is fun. (그것은 정말 재미있어.)

a book이라는 물건을 지칭하는 말로 It을 썼어요.

다음 빈칸에 들어갈 수 있는 단어를 고르세요.

This is Jessie. _____ is my teacher.

① He ② They ③ She

Jessie가 여성이기 때문에 인칭대명사 She를 써야 해요.
'이분은 제시다. 그녀는 나의 선생님이다.'라는 뜻이에요.

정답 ③

여기서 대명사 공부가 끝이면 너무 좋은데요.
인칭대명사 표현들이 더 많이 있어요.

우리말도 생각해 보세요.
'나는, 나를, 나의, 나의 것'
모두 '나'에 대한 단어인데 형태가 조금씩 다르죠?
영어도 마찬가지예요.
I, my, me, mine 이렇게 단어가 달라요.

인칭대명사 변화형을 정리해 볼게요! 짠!

I 나는	**my** 나의	**me** 나를	**mine** 나의 것
we 우리는	**our** 우리의	**us** 우리를	**ours** 우리의 것
you 너는	**your** 너의	**you** 너를	**yours** 너의 것
you 너희는	**your** 너희의	**you** 너희를	**yours** 너희의 것
he 그는	**his** 그의	**him** 그를	**his** 그의 것
she 그녀는	**her** 그녀의	**her** 그녀를	**hers** 그녀의 것
it 그것은	**its** 그것의	**it** 그것을	–
they 그들은	**their** 그들의	**them** 그들을	**theirs** 그들의 것

이 표는 꼭 기억해야 해요.
I, my, me, mine
we, our, us, ours 이런 식으로
리듬을 타면서 외워 두세요.

인칭대명사 표 외우는 노래

머리에 콕콕

Unit 9.

다음 <보기>에서 알맞은 말을 골라 빈칸을 완성해 보세요.

보기	
• me	• yours
• 인칭대명사	• her
	• them

개념	정의
대명사	명사 대신 쓰는 말
① _____	주로 사람 명사를 대신 지칭해서 쓰는 말

I 나는	my 나의	② _____ 나를	mine 나의 것
we 우리는	our 우리의	us 우리를	ours 우리의 것
you 너는	your 너의	you 너를	③ _____ 너의 것
you 너희는	your 너희의	you 너희를	yours 너희의 것
he 그는	his 그의	him 그를	his 그의 것
she 그녀는	④ _____ 그녀의	her 그녀를	hers 그녀의 것
it 그것은	its 그것의	it 그것을	-
they 그들은	their 그들의	⑤ _____ 그들을	theirs 그들의 것

정답 ① 인칭대명사 ② me ③ yours ④ her ⑤ them

문법 Talk

매일 10문장

[1-4] 다음 밑줄 친 단어 대신 사용할 수 있는 인칭대명사를 쓰세요.

1. <u>Jack</u> is a good singer. _____

2. <u>Sam and I</u> watched a movie. _____

3. <u>Amy</u> likes cats. _____

4. <u>Andy and Jane</u> are teachers. _____

[5-7] 다음 우리말에 알맞도록 빈칸을 완성하세요.

5. 나의 아빠는 키가 크다.   _____ dad is tall.

6. 너의 이름은 무엇이니?   What's _____ name?

7. 우리의 집은 작다.   _____ house is small.

[8-10] 다음 우리말에 알맞도록 밑줄 친 부분을 바르게 고치세요.

8. 그녀의 차는 검은색이다.   <u>She</u> car is black.   _____

9. 나는 그것들을 좋아한다.   I like <u>their</u>.   _____

10. 이 펜은 그의 것이다.   This pen is <u>he</u>.   _____

[단어] 1. **good** 훌륭한 **singer** 가수 2. **movie** 영화 6. **what** 무엇 7. **house** 집 **small** 작은
8. **black** 검은색의

[복습] 문장의 빈칸을 완성해 보세요.

1. 나는 연필 한 개를 가지고 있다.   I have _____ pencil.

2. 그 영화는 재미있다.   _____ movie is fun.

3. 달이 밝다.   _____ _____ is bright.

4. 하늘이 어둡다.   _____ _____ is dark.

5. 나는 바이올린을 연주할 수 있다.   I can play _____ _____.

Unit 10. 인칭대명사의 성격

1. 인칭과 단수, 복수

우리 지난 유닛에서 인칭대명사가 무엇인지 공부했어요.
이번에는 각 대명사의 특성에 대해서 알아볼게요.

인칭대명사는 인칭과 단수, 복수를 구분해서 알아둬야 해요.
말이 너무 어렵죠? 쉽게 설명해 볼게요.

영어에서 **인칭은 딱 3가지**가 있어요.

> **1인칭 = I**(나는)**, We**(우리는)
>
> **2인칭 = You**(너는, 너희는)
>
> **3인칭 = 삼자**

1인칭은 지금 말하는 사람으로 **나** 또는 나를 포함하고 있는 **우리**를 말해요.
2인칭은 지금 듣고 있는 사람으로 **너** 또는 **너희**를 말해요.
3인칭은 1, 2인칭 빼고 **나머지**를 의미합니다.

그림 지난 유닛에서 배운 표에 인칭을 추가해 볼게요.

1인칭	I 나는	my 나의	me 나를	mine 나의 것
	we 우리는	our 우리의	us 우리를	ours 우리의 것
2인칭	you 너는	your 너의	you 너를	yours 너의 것
	you 너희는	your 너희의	you 너희를	yours 너희의 것
3인칭	he 그는	his 그의	him 그를	his 그의 것
	she 그녀는	her 그녀의	her 그녀를	hers 그녀의 것
	it 그것은	its 그것의	it 그것을	-
	they 그들은	their 그들의	them 그들을	theirs 그들의 것

1, 2인칭만 알아 두고 **나머지는 모두 3인칭**이라고 생각하면 기억하기 쉽겠죠?

Quiz 1

다음 중 3인칭 대명사를 <u>모두</u> 골라 보세요.   Unit 10.

① they   ② she   ③ we

1인칭 I와 we, 2인칭 you를 빼면 모두 3인칭이라고 했어요.   정답 ①, ②

이제 여기에 단수, 복수 개념까지 더해 볼게요.
우리 **단수, 복수** 개념은 앞에 Unit 2에서 공부했어요.
단수는 **혼자** 있는 것, 복수는 **여럿** 있는 것!

1인칭	단수	I 나는	my 나의	me 나를	mine 나의 것
	복수	we 우리는	our 우리의	us 우리를	ours 우리이 것
2인칭	단수	you 너는	your 너의	you 너를	yours 너의 것
	복수	you 너희는	your 너희의	you 너희를	yours 너희의 것
3인칭	단수	he 그는	his 그의	him 그를	his 그의 것
		she 그녀는	her 그녀의	her 그녀를	hers 그녀의 것
		it 그것은	its 그것의	it 그것을	-
	복수	they 그들은	their 그들의	them 그들을	theirs 그들의 것

We는 나를 포함한 다른 사람을 합쳐서 부르는 말이니 **복수**
You가 '너희는'이란 뜻으로 쓰면 여럿을 의미하므로 **복수**
They도 여러 명 또는 여러 개를 지칭하기 때문에 **복수**

Quiz 2

다음 중 3인칭 단수 대명사를 고르세요.

Unit 10.

① we ② it ③ they

조건이 두 개! 3인칭이면서 단수인 대명사를 고르는 문제예요. ① we는 1인칭이면서 여럿을 의미하니 복수,
② it은 3인칭이면서 한 개를 의미하니 단수, ③ they는 3인칭이면서 여럿을 지칭하니 복수예요.
정답 ②

2. 주격, 소유격, 목적격, 소유대명사

이제 마지막으로 표에 한 가지만 더 추가하면 되어요.
바로 주격, 소유격, 목적격, 소유대명사 개념이에요.

		주격	소유격	목적격	소유대명사
1인칭	단수	**I** 나는	**my** 나의	**me** 나를	**mine** 나의 것
	복수	**we** 우리는	**our** 우리의	**us** 우리를	**ours** 우리의 것
2인칭	단수	**you** 너는	**your** 너의	**you** 너를	**yours** 너의 것
	복수	**you** 너희는	**your** 너희의	**you** 너희를	**yours** 너희의 것
3인칭	단수	**he** 그는	**his** 그의	**him** 그를	**his** 그의 것
		she 그녀는	**her** 그녀의	**her** 그녀를	**hers** 그녀의 것
		it 그것은	**its** 그것의	**it** 그것을	-
	복수	**they** 그들은	**their** 그들의	**them** 그들을	**theirs** 그들의 것

1) 주격 대명사

인칭대명사가 문장 열차에서 주어 칸의 승객이 되면 주격 대명사라고 불러요.
우리 주어는 '~은/는'으로 끝나는 말이라고 했죠?

I, we, you, he, she, it, they 모두 '~은/는'으로 끝나서 주격 대명사라고 불러요.

2) 소유격 대명사

소유격이란 '~의'로 끝나는 말이에요.
my, our, your, his, her, its, their
모두 '~의'라는 의미를 가지니 소유격 대명사라고 불러요.

> **my name**(나의 이름)　　**his car**(그의 차)

이처럼 소유격 다음에는 소유물에 해당하는 **명사**를 써요.

3) 목적격 대명사

목표의 대상을 목적어라고 하고
우리말로 '~을/를'에 해당하는 말이에요.
영어 문장 열차에 자주 등장해요.

> **me, us, you, him, her, it, them**
> 우리는 목적어 승객이야!

주어　　동사　　목적어

me, us, you, him, her, it, them 모두 '~을/를'이란 뜻을 가지며
목적격 대명사라고 합니다.

4) 소유대명사

표의 맨 오른쪽에 있는 소유대명사는 '~의 것'이라는 뜻이에요.

> **my book**(나의 책) → **mine**(나의 것)

나의 책을 한 마디로 **나의 것**이라고 하죠?
'소유격과 명사'를 합친 말을 '소유대명사'라고 합니다.

mine, ours, yours, his, hers, theirs 모두 '~의 것'이란 뜻이니 소유대명사예요.

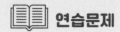
머리에 콕콕

Unit 10.

다음 <보기>에서 알맞은 말을 골라 빈칸을 완성해 보세요.

보기	개념	정의
• 단수 • ~의 • ~의 것 • I(나는)	인칭	• 1인칭: ① _____, We(우리는) • 2인칭: You(너는, 너희는) • 3인칭: 1, 2 인칭을 제외한 모든 것
	단수, 복수	• ② _____: 혼자 있는 것 • 복수: 여럿 있는 것
	주격, 소유격, 목적격	• 주격: ~은/는 • 소유격: ③_____ • 목적격: ~을/를
	소유대명사	'④_____'이란 뜻으로 소유격과 명사를 합친 말

정답 ① I(나는) ② 단수 ③ ~의 ④ ~의 것

문법 Talk

ı.ı **고딸영문법1** Unit 10. 인칭대명사의 성격   100% ▬▶

they는 몇 인칭일까?

나, 우리, 너 아니니까 3인칭이요!

그럼 they는 단수일까 복수일까?

여럿이 있는 거니까 복수요!

they는 주격, 소유격, 목적격 중에 무엇일까?

they는 '그들은' 이니까 주격이에요!

최고! 👍

64

매일 10문장

[1-3] 다음 밑줄 친 대명사가 1, 2, 3인칭 중에 무엇인지 쓰세요.

1. 우리는 친구이다. <u>We</u> are friends. _____

2. 너는 정말 친절하다. <u>You</u> are so kind. _____

3. 그들은 경찰관이다. <u>They</u> are police officers. _____

[4-6] 다음 밑줄 친 대명사가 단수, 복수 중에 무엇인지 쓰세요.

4. 그녀는 10살이다. <u>She</u> is ten years old. _____

5. 우리는 집에 있다. <u>We</u> are at home. _____

6. 그것들은 저렴하다. <u>They</u> are cheap. _____

[7-10] 다음 밑줄 친 대명사가 주격, 소유격, 목적격, 소유대명사 중에 무엇인지 쓰세요.

7. 나는 그의 노래를 좋아한다. I like <u>his</u> song _____

8. 그들은 힘이 세다. <u>They</u> are strong. _____

9. 그것은 나의 것이다. It is <u>mine</u>. _____

10. 나는 그것을 잃어버렸다. I lost <u>it</u>. _____

[단어] 1. **friend** 친구 2. **so** 정말 **kind** 친절한 3. **police officer** 경찰관 6. **cheap** 저렴한 7. **song** 노래
8. **strong** 힘이 센 10. **lost** 잃어버렸다 [**lose** 잃어버리다]

Unit 9 복습 TEST

[복습] 문장의 빈칸을 완성해 보세요.

1. 그녀는 고양이를 좋아한다. _____ likes cats.

2. 나의 아빠는 키가 크다. _____ dad is tall.

3. 그녀의 차는 김은색이다. _____ car is black.

4. 나는 그것들을 좋아한다. I like _____.

5. 이 펜은 그의 것이다. This pen is _____.

이번에는 대명사를 배울 때 헷갈리는 사항들을 정리해 볼게요.

질문 1) its와 it's의 차이점은 뭔가요?

① **its: 그것의** [it의 소유격]

② **it's: 그것은 ~이다** [it is의 줄임말]

① its는 소유격이니까 바로 뒤에 명사를 씁니다.

I have a bird. Its name is Sunny.

(나는 새 한 마리를 가지고 있다. 그것의 이름은 써니이다.)

its 다음에 명사 name(이름)을 확인하세요.

② it is의 줄임형으로 '그것은 ~이다'라는 뜻이에요.

It is my book. = It's my book.

(그것은 나의 책이야.)

it과 s 사이의 쉼표(')를 아포스트로피라고 부르는데요.

이게 있으면 It is의 줄임형이라고 기억해 두세요!

질문 2) 비인칭대명사는 뭔가요?

우리 인칭대명사 배울 때 it은 '그것은'이란 뜻으로 배웠죠?
하지만 이 it이 아무런 뜻이 없을 때 '비인칭대명사'라고 합니다.

it → 뜻이 없음 → 비인칭대명사

이때 '비'는 '아닐 비(非)' 예요.
인칭이 아니다 = 비인칭

그렇다면 it은 언제 뜻이 없이 쓸까요?

it이 날씨, 날짜, 요일, 시간을 나타내는 문장에서
주어로 쓸 때 뜻이 없어요.
왜? it이 사물을 가리키는 것이 아니니까, it의 뜻을 해석하지 않아요.

예문을 볼게요.

It is windy.

이 문장의 해석은 '그것은 바람이 분다'가 아니라
'바람이 분다'가 정답이에요.
it이 주어이기는 하지만 날씨를 나타내는 문장이기 때문에 '그것'이라고 해석하지 않아요.
이때, it을 비인칭대명사라고 불러요.

더 많은 예문을 볼게요.

It is cold. (춥다.)
It's July 16. (7월 16일이다.)
It's Friday. (금요일이다.)
It is 3 o'clock. (3시이다.)

모두 it에 뜻이 없다는 것을 확인하세요.

질문3) 전치사 다음에 인칭대명사는 어떤 형태로 써야 하나요?

영어 공부를 하다 보면
behind(~뒤에), on(~위에), for(~을 위해), with(~와 함께)와 같은
단어들을 발견하게 되어요.

이런 단어들은 명사 앞에 쓴다고 해서 **전치사**라고 하는데요.
전치사 쓰임은 다음 권에서 자세히 다룰 거예요.

이번 책에서 우리가 기억해야 할 것은
이 전치사 다음에 인칭대명사를 쓸 때는
목적격으로 써야 한다는 점이에요.

설명이 너무 어렵죠?
예를 들어 볼게요.

I go to school with him.

(나는 그와 함께 학교에 간다.)

전치사 with 다음에 목적격 him을 같이 썼어요.

This is for us.

(이것은 우리를 위한 것이야.)

for는 전치사! 그래서 for 다음에 인칭대명사로 목적격 us를 썼어요.

Unit 11.

머리에 콕콕

다음 <보기>에서 알맞은 말을 골라 빈칸을 완성해 보세요.

보기
- 날짜
- 목적격
- 그것의

질문	답
its와 it's의 차이점	• its: ① _____ [it의 소유격] • it's: 그것은 ~이다[it is의 줄임말]
비인칭대명사	날씨, ② _____, 요일, 시간, 계절 등을 나타내는 문장에서 주어로 쓸 때, it은 뜻이 없음 예) It is windy. (바람이 분다.)
전치사 + 인칭대명사	• 전치사: with, to처럼 명사 앞에 쓰는 말 • 전치사 다음에는 인칭대명사는 ③ _____으로 씀

정답 ① 그것의 ② 날짜 ③ 목적격

문법 Talk

고딸영문법1 Unit 11. 인칭대명사 Q & A   100%

엄마~ It is rainy.
'그것은 비가 내린다' 맞아요?

아니야! It은 여기서 해석하면 안 돼.

왜요?

It 다음에 날씨, 날짜, 요일, 시간 등이 나오면

사물을 가리키는 게 아니니까 '그것은'이라고 해석을 하지 않아~

아하~ 그냥 '비가 내린다.' 이러면 되겠네요ㅋㅋ

Unit 11.

매일 10문장

[1-4] 다음 중 올바른 것을 고르세요.

1. 그것의 이빨들은 날카롭다.　　　(Its / It's) teeth are sharp.

2. 그것은 상어이다.　　　　　　　(Its / It's) a shark.

3. 나는 그녀와 함께 그 도서관에 간다.　I go to the library with (she / her).

4. 그들은 그에게 그 책을 주었다.　　They gave the book to (his / him).

[5-7] 다음 문장 해석을 쓰세요.

5. It is Sunday.　　　＿＿＿＿＿＿＿＿＿＿＿＿＿＿＿

6. It is 4 o'clock.　　＿＿＿＿＿＿＿＿＿＿＿＿＿＿＿

7. It is my dog.　　　＿＿＿＿＿＿＿＿＿＿＿＿＿＿＿

[8-10] 다음 문장에서 밑줄 친 부분을 바르게 고치세요.

8. 이것은 그들을 위한 것이야.　　This is for <u>they</u>.　＿＿＿＿＿＿＿＿

9. 그것의 눈은 크다.　　　　　　<u>It's</u> eyes are big.　＿＿＿＿＿＿＿＿

10. 나는 그와 함께 그것을 만들었다.　I made it with <u>he</u>.　＿＿＿＿＿＿＿＿

[단어]　1. **sharp** 날카로운　2. **shark** 상어　3. **library** 도서관　4. **gave** 주었다 [**give** 주다]　5. **Sunday** 일요일
　　　　6. **o'clock** 시　10. **made** 만들었다 [**make** 만들다]

[복습] 문장의 빈칸을 완성해 보세요.

1. 그것들은 저렴하다.　　　　＿＿＿＿＿＿ are cheap.

2. 우리는 친구들이다.　　　　＿＿＿＿＿＿ are friends.

3. 나는 그의 노래를 좋아한다.　I like ＿＿＿＿＿＿ song.

4. 그것은 나의 것이다.　　　　It is ＿＿＿＿＿＿.

5. 나는 그것을 잃어버렸다.　　I lost ＿＿＿＿＿＿.

1. 지시대명사의 종류

지시대명사는 손가락만 기억하면 됩니다.

우리말로도 명사 대신에 그냥 이것, 저것 이렇게 쓰잖아요.
이를 지시대명사라고 해요.

> ### 지시대명사
> # = 가깝거나 멀리 있는 명사를 지시하며 대신 쓰는 말

지시대명사는 **this, these, that, those** 딱 4개만 기억하면 됩니다.

	한 개 (단수)	두 개 이상 (복수)
가까이 있는 것	**this** 이것	**these** 이것들
멀리 있는 것	**that** 저것	**those** 저것들

가까이 있는데, 한 개일 때는 **this**
가까이 있는데, 두 개 이상일 때는 **these**

멀리 있는데, 한 개일 때는 **that**
멀리 있는데, 두 개 이상일 때는 **those**

물건뿐만 아니라 사람을 가리키기도 하고요.
그때는 '이 사람, 이 사람들' '저 사람, 저 사람들'로 해석되어요.

예를 들어 볼게요.

This is my grandma. (이분은 나의 할머니이다.)

These are ducks. (이것들은 오리이다.)

That is her cat. (저것은 그녀의 고양이이다.)

Those are birds. (저것들은 새들이다.)

가까이 있는 할머니는 **this**
가까이 있는 오리들은 **these**
멀리 있는 고양이는 **that**
멀리 있는 새들은 **those**로 썼어요.

여기서 한 가지 더 알아야 할 것이 있어요.

this와 **that**은 하나의 대상을 의미하니
단수이고요.

these와 **those**는 여러 대상을 지시하니
복수입니다.

| Quiz 1 | 다음 우리 말에 알맞도록 빈칸에 들어갈 수 있는 단어를 고르세요. | Unit 12. |

이분들은 나의 선생님들이다. = _____ **are my teachers.**

① This   ② These   ③ Those

'이분들은' 가까이에 있는 여러 사람을 가리키는 말이에요. ① This는 이것, 이 사람,
② These는 이것들, 이 사람들, ③ Those는 저것들, 저 사람들을 의미해요.

정답 ②

지시대명사는 역할이 또 있어요.
바로 명사 앞에서 '이~' '저~' 라는 뜻으로 써요.

	뜻	쓰임
this	이	**this desk** (이 책상)
these	이(들)~	**these desks** (이 책상들)
that	저	**that desk** (저 책상)
those	저(들)~	**those desks** (저 책상들)

예를 들어 볼게요.

1) This book is boring. (이 책은 지루해.)

2) That girl is my sister. (저 소녀는 나의 여동생이다.)

1) This 다음에 book을 써서 '이 책'이란 뜻
2) That 다음에 girl을 써서 '저 소녀'란 뜻이 되었어요.

여기서 주의할 점
this와 that은 하나의 대상을 가리키고 these와 those는 여러 대상을 가리키죠?

따라서

this / that + 단수명사

these / those + 복수명사

이 법칙을 따릅니다.

1) that tree (저 나무)　　**2) those trees** (저 나무들)

1) that은 단수명사 tree와 썼고 2) those는 복수명사 trees와 썼다는 것도 확인하세요.

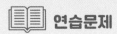

Unit 12.

머리에 콕콕

다음 <보기>에서 알맞은 말을 골라 빈칸을 완성해 보세요.

보기
- those
- 복수명사
- these
- 단수명사

개념	정의
지시대명사	가깝거나 멀리 있는 명사를 지시하며 대신 쓰는 말
지시대명사 종류	this(이것), ① _____(이것들), that(저것), ② _____(저것들)
this, these, that, those + 명사	• this / that + ③ _____ • these / those + ④ _____

정답 ① these ② those ③ 단수명사 ④ 복수명사

문법 Talk

고딸영문법1 Unit 12. 지시대명사란?   100% 🔋

가까이 있는 한 개를 가리킬 때는?

this 이것!

멀리 있는 두 개 이상을 가리킬 때는?

those 저것들

'이 꽃들'을 영어로 하면?

꽃들이 여러 개이니까
these flowers요!

짝짝짝!♥

매일 10문장

[1-4] 다음 중 우리말에 알맞도록 올바른 것을 고르세요.

1. 이것은 나의 책이다.　　　　　(This / These) is my book.

2. 저것들은 오리들이다.　　　　(These / Those) are ducks.

3. 저 상자들은 무겁다.　　　　　(That / Those) boxes are heavy.

4. 이 책상은 오래되었다.　　　　This (desk / desks) is old.

[5-8] 다음 빈칸에 this, that, these, those를 넣으세요.

5. 이 카메라는 비싸다.　　　　　＿＿＿＿＿＿＿ camera is expensive.

6. 저것들은 나의 사진들이다.　　＿＿＿＿＿＿＿ are my photos.

7. 이것들은 그의 자전거들이다.　＿＿＿＿＿＿＿ are his bikes.

8. 저 남자는 키가 작다.　　　　　＿＿＿＿＿＿＿ man is short.

[9-10] 다음 문장에서 밑줄 친 부분을 바르게 고치세요.

9. 이 소년들은 중국에서 왔다.　<u>This</u> boys are from China.　＿＿＿＿＿＿＿＿

10. 저 컵은 나의 것이다.　　　　That <u>cups</u> is mine.　　　　＿＿＿＿＿＿＿＿

[단어] 2. **duck** 오리 3. **heavy** 부거분 4. **old** 오래된 5. **expensive** 비싼 7. **bike** 자전거 8. **short** 키가 작은
9. **China** 중국

[복습] 문장의 빈칸을 완성해 보세요.

1. 그것의 이빨들은 날카롭다.　　　　＿＿＿＿＿＿＿ teeth are sharp.

2. 나는 그녀와 함께 그 도서관에 간다.　I go to the library with ＿＿＿＿＿＿.

3. 일요일이다.　　　　　　　　　＿＿＿＿＿＿＿ is Sunday.

4. 4시이다.　　　　　　　　　　＿＿＿＿＿＿＿ is 4 o'clock.

5. 이것은 그들을 위한 것이야.　　This is for ＿＿＿＿＿＿.

Unit 13. 종합 TEST

A. 다음 문제를 풀어 보세요.

[1-2] 디음 밑줄 친 명사 대신 쓸 수 있는 것을 고르세요.

1

> John is 18 years old.

① She   ② He

③ They   ④ It

2

> Sam and I are at school.

① She   ② He

③ They   ④ We

3 다음 중 3인칭 단수인 대명사를 고르세요.

① I   ② it

③ they   ④ we

4 다음 목적격 대명사가 <u>아닌</u> 것을 고르세요.

① you   ② him

③ them   ④ mine

5 다음 빈칸에 들어갈 수 <u>없는</u> 것을 고르세요.

> This is _____ cat.

① my   ② his

③ our   ④ them

6 다음 밑줄 친 부분을 소유대명사로 바꿔 쓰세요.

> She gave me <u>her pencil</u>.

_____

[7-9] 다음 우리말에 알맞도록 빈칸 안에 알맞은 말을 쓰세요.

7

> 그것의 이빨들은 날카롭다.
>
> _____ teeth are sharp.

8

> 저 소년은 나의 동생이다.
>
> _____ boy is my brother.

9

> 이 꽃들은 아름답다.
>
> _____ flowers are beautiful.

10 다음 빈칸에 공통으로 들어갈 말로 알맞은 것을 고르세요.

> _____ is Sunday.
>
> _____ is rainy.

① This   ② That

③ These   ④ It

B. 문장의 빈칸을 완성해 보세요.

1 그는 훌륭한 가수이다.   _____ is a good singer.

2 이 펜은 그의 것이다.   This pen is _____.

3 그들은 경찰관이다.   _____ are police officers.

4 나는 그의 노래를 좋아한다.   I like _____ song.

5 이 차는 그녀의 것이다.   This car is _____.

6 그는 너를 좋아한다.   He likes _____.

7 나는 그녀와 함께 그 도서관에 간다.   I go to the library with _____.

8 5시이다.   _____ is 5 o'clock.

9 이것은 나의 책이다.   _____ is my book.

10 저 상자들은 무겁다.   Those _____ are heavy.

C. 다음 밑줄 친 부분을 바르게 고쳐 보세요.

1 그녀의 차는 검은색이다.   <u>She</u> car is black.   _____

2 나는 그것들을 좋아한다.   I like <u>their</u>.   _____

3 그것은 나의 것이다.   It is <u>me</u>.   _____

4 나는 그것을 잃어버렸다.   I lost <u>them</u>.   _____

5 너의 이름은 무엇이니?   What's <u>you</u> name?   _____

6 그것의 눈은 크다.   <u>It's</u> eyes are big.   _____

7 그들은 그에게 그 책을 주었다.   They gave the book to <u>he</u>.   _____

8 저것들은 오리들이다.   <u>These</u> are ducks.   _____

9 이 카메라는 비싸다.   <u>That</u> camera is expensive.   _____

10 이 소년들은 중국에서 왔다.   These <u>boy</u> are from China.   _____

굣딸영문법

기초를 위한 필수 개념 이해

1. 동사의 종류

우리 Unit 1에서 배운 문장 기차 기억나시나요?

주어는 '**~은/는**'에 해당하는 말
동사는 '**~다**'로 끝나는 말이라고 했죠?

문장 기차에서 동사 칸에 들어가는 승객은
두 가지로 분류되어요.
바로 **be동사**와 **일반동사**요.

be동사는 '~이다', '있다'라는 **상태**를 나타내는 말이고
일반동사는 동작을 나타내요.

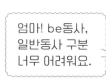
엄마! be동사,
일반동사 구분
너무 어려워요.

걱정하지 마.
be동사는
딱 3가지밖에
없단다.

be동사에는 **am, are, is** 3개만 있어요.
나머지는 다 **일반동사**예요.

안녕~ 우리는
be동사 삼총사야.

am   are   is

Quiz 1

다음 중 일반동사를 <u>모두</u> 고르세요.   Unit 14.

① have   ② sleep   ③ is

am, are, is만 be동사이고 나머지는 모두 일반동사예요.
① 가지다, ② 자다의 뜻을 가진 일반동사입니다.   정답 ①, ②

2. be동사의 쓰임

be동사 **am, are, is**는요.
뒤에 나오는 단어에 따라 '**~이다**' 또는 '**있다**'라는 뜻으로 써요.

쓰임 1) **be동사 + 명사: ~이다**

쓰임 2) **be동사 + 형태: (~한 상태) 이다**

쓰임 3) **be동사 + 장소: 있다**

쓰임을 하나씩 살펴 볼게요.

쓰임 1) be동사 + 명사: ~이다

be동사 다음에 명사를 쓰면 '~이다'라고 해석을 해요.

I am a student.

(나는 / 이다 / 학생) = 나는 학생이다.

be동사 am 다음에 student라는 명사가 나왔으니 '~이다'라는 뜻이에요.

It is a monkey.

(그것은 / 이다 / 원숭이) = 그것은 원숭이이다.

be동사 is 다음에 명사 monkey를 썼으니 '~이다'라는 뜻이에요.

쓰임 2) be동사 + 형태: (~한 상태) 이다

be동사 다음에 형태를 나타내는 말을 쓰기도 해요.
형태를 나타내는 말은 주로 **상태, 모양, 감정** 등을 표현해요.

형태를 나타내는 말

happy(행복한) **sad**(슬픈) **pretty**(예쁜) **tall**(키가 큰) 등등

엄마!
형태를 나타내는 말은
모두 ㄴ 받침으로
끝나네요?

맞아~ 이런 단어들을
형용사라고 하는데.
Unit 21에서
자세히 공부할 거야.

예문을 살펴 볼게요.

She is sad.

(그녀는 / 이다 / 슬픈) = 그녀는 슬프다.

is 다음에 슬픈 상태를 나타내는 sad라는 단어를 썼어요.
'**~이다**'와 '**슬픈**'이 만나서 '**슬프다**'가 되었어요.

They are happy.

(그들은 / 이다 / 행복한) = 그들은 행복하다.

are 다음에 행복한 상태를 나타내는 happy를 썼어요.
'**~이다**'와 '**행복한**'이 만나서 '**행복하다**'가 되었답니다.

이처럼 be동사가 형태를 나타내는 말과 함께 쓰면 '(~한 상태) **이다**' 라는 뜻이 됩니다.

Quiz 2

다음 문장 해석을 써 보세요.   Unit 14.

1) **I am a doctor.** _____

2) **You are tall.** _____

3) **Jane is smart.** _____

1)은 be동사 am 다음에 명사 doctor(의사)를 썼어요. 2)는 be동사 are 다음에 tall(키가 큰)이란
형태를 나타내는 말(= 형용사)을 썼어요. ~이다 + 키가 큰 = 키가 크다 3)은 be동사 is 다음에
smart(똑똑한)라는 형태를 나타내는 말(= 형용사)을 썼어요. ~이다 + 똑똑한 = 똑똑하다

정답
1) 나는 의사이다.
2) 너는 키가 크다.
3) 제인은 똑똑하다.

쓰임 3) be동사 + 장소: 있다

be동사 다음에는 장소를 나타내는 표현을 쓰기도 해요.

장소를 나타내는 표현
at home(집에) **at school**(학교에)
in the living room(거실에) **in Seoul**(서울에) 등등

be동사가 장소를 나타내는 말과 함께 쓰면
'있다'라고 해석합니다.

I am in the kitchen.
(나는 / 있다 / 부엌에) = 나는 부엌에 있다.

be동사 am 다음에 in the kitchen(부엌에)이라는 장소를 나타내는 말이 왔으니
am은 **'있다'**라고 해석해요.

We are in Seoul.
(우리는 / 있다 / 서울에) = 우리는 서울에 있다.

be동사 are 다음에 in Seoul(서울에)를 썼으니 are를 **'있다'**로 해석합니다.

Quiz 3

다음 문장 해석을 써 보세요.   Unit 14.

1) **They are in the living room.** _____

2) **She is in London.**   _____

1)은 be동사 are 다음에 장소를 나타내는 말 in the living room(거실에서)이 나오니 '있다'로
해석해요. 2)는 be동사 is 다음에 in London(런던에서)이라는 장소를 나타내는 말이 나오기
때문에 '있다'로 해석합니다.

정답
1) 그들은 거실에 있다.
2) 그녀는 런던에 있다.

머리에 콕콕

다음 <보기>에서 알맞은 말을 골라 빈칸을 완성해 보세요.

보기
- 있다
- ~이다
- 일반동사
- be동사

개념	정의
동사의 종류	• ① _____ : 동작을 나타내는 말 • ② _____ : am, are, is
be동사의 쓰임	• 쓰임 1: be동사 + 명사: ③ _____ • 쓰임 2: be동사 + 형태: (~한 상태)이다 • 쓰임 3: be동사 + 장소: ④ _____

정답 ① 일반동사 ② be동사 ③ ~이다 ④ 있다

문법 Talk

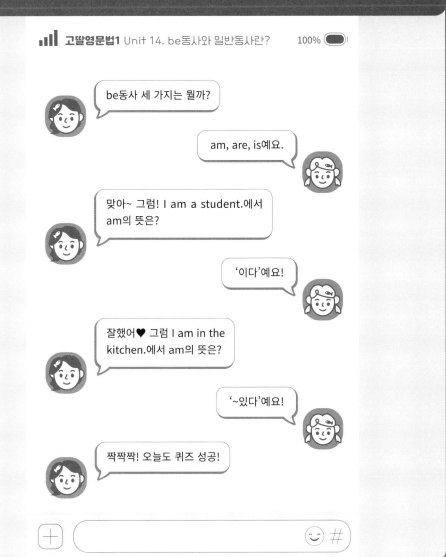

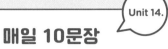

Unit 14.

매일 10문장

[1-4] 다음 밑줄 친 동사가 일반동사인지 be동사인지 쓰세요.

1. 나는 서점에서 일한다.　　I <u>work</u> at a bookstore.　　_____

2. 그는 키가 크다.　　He <u>is</u> tall.　　_____

3. 그들은 영어를 공부한다.　　They <u>study</u> English.　　_____

4. 오늘은 금요일이다.　　Today <u>is</u> Friday.　　_____

[5-7] 다음 문장 해석을 쓰세요.

5. Tom is a nurse.　　_____

6. You are smart.　　_____

7. They are at the beach.　　_____

[8-10] 다음 주어진 단어를 바르게 배열하세요.

8. 그녀는 과학자이다. (a scientist / she / is)　　_____

9. 그는 학교에 있다. (is / at school / he)　　_____

10. 우리는 배가 고프다. (hungry / we / are)　　_____

[단어] 1. **work** 일하다 **bookstore** 서점 4. **today** 오늘 **Friday** 금요일 5. **nurse** 간호사
6. **smart** 똑똑한 7. **beach** 해변 8. **scientist** 과학자 10. **hungry** 배고픈

[복습] 문장의 빈칸을 완성해 보세요.

1. 이것은 나의 책이다.　　_____ is my book.

2. 저 상자들은 무겁다.　　_____ _____ are heavy.

3. 이것들은 그의 자전거들이다.　　_____ are his bikes.

4. 저 남자는 키가 작다.　　_____ _____ is short.

5. 이 소년들은 중국에서 왔다.　　_____ _____ are from China.

Unit 12 복습 TEST

Unit 15. be동사 짝꿍을 찾아라!

우리 be동사는 모두 '~이다'와 '있다'의 뜻이 있다는 것을 공부했어요.

이번 유닛에서는 am, are, is 차이점을 알아볼게요.

1. am의 성격

I만 좋아하는 순정파, am

am은 콩깍지가 씌어서 I랑만 같이 써요.

나는 I만 좋아해.

am

I am a teacher. (나는 선생님이다.)

I am happy. (나는 행복하다.)

I am at home. (나는 집에 있다.)

모두 am이 I와 같이 쓴 것을 확인하세요.

마음씨 좋은 아저씨 are는 여러 명과 친해요.

모두들 반가워!

you
복수

are

먼저, are의 베스트 프렌드부터 소개할게요.
바로 You!

You are my best friend. (너는 나의 친구야.)
You are kind. (너희들은 친절해.)

You가 너는/너희는 이란 뜻일 때 모두
be동사 are를 써요.

그리고 are는요~
주어가 복수일 때 같이 써요.

앗! 복수!
엄마~ 복수 어디선가
들어 본 거 같아요!

우리 Unit 2에서 복수 개념을
공부했어~ 명사에 s가 붙으면
복수명사!

문장열차에서
복수명사가
주어 칸에 타면
복수 주어야~

복수 주어

tigers(호랑이들은) **the boys**(그 소년들은) **we**(우리는)
they(그들은) **my books**(나의 책들은) 등등

tigers, boys, books처럼 명사가 **복수**이거나
we, they처럼 인칭대명사가 **복수**일 때
복수 주어가 될 수 있어요.

예문을 볼게요.

1) These apples are green. (이 사과들은 녹색이야.)

2) We are at school. (우리는 학교에 있어.)

3) These girls are my friends. (이 소녀들은 나의 친구들이야.)

1) apple에 s가 붙어 있죠? '사과들'을 의미하는 **복수**예요.
2) We는 나와 다른 사람을 합쳐서 부르는 말이니 **복수**예요.
3) girls는 '소녀들'을 의미하는 **복수**예요.
따라서 모두 **be동사 are**를 썼어요.

Quiz 1

다음 빈칸에 알맞은 말을 쓰세요.   Unit 15.

1) I _____ short.

2) They _____ in China.

1)온 주어기 I 예요. I만 좋아하는 순정파 be동사는 am이에요. '나는 키가 작다'라는 뜻입니다. 2) 주어가
They(그들은)예요. 복수이니까 be동사는 are를 씁니다. '그들은 중국에 있다'라는 뜻이에요.

성답
1) am 2) are

is는요~ 외롭게 혼자 있는 애들만 좋아해요.

친구가 필요한 사람
여기 모여~

3인칭 단수

is

주어가 3인칭 단수일 때는 is와 함께 씁니다.

3인칭 = 삼자

단수 = 하나

3인칭은 나, 우리, 너를 제외한 **나머지**이고
단수는 **하나**를 의미한다고 했죠?

이 두 가지 조건이 맞아야만 be동사 is를 쓸 수 있어요.

3인칭 단수 주어

a tiger(사자 한 마리는) **the boy**(그 소년은) **he**(그는) **it**(그것은)
my mom(나의 엄마는) **his cup**(그의 컵은) **Jane**(제인은) 등등

모두 3인칭이고 혼자 있으니
3인칭 단수입니다.

예를 들어 볼게요.

---

1) **The girl is tall.** (그 소녀는 키가 크다.)

2) **She is on the farm.** (그녀는 농장에 있어.)

3) **The door is big.** (그 문은 커.)

각각 The girl, She, The door가 주어예요.
모두 3인칭 단수라서 is와 함께 썼어요.

Quiz 2

다음 빈칸에 알맞은 말을 쓰세요.   Unit 15.

1) **The boy _____ tall.**

2) **The boys _____ tall.**

1)은 주어가 The boy로 3인칭 단수예요. 따라서 be동사 is를 써야 해요.
2)는 주어가 The boys로 3인칭 복수예요. 소년이 여러 명이니 be동사 are를 써야 합니다.
이처럼 명사에 s가 붙어 있으면 복수가 된다는 것 기억하세요.

정답 1) is 2) are

많이 헷갈리지?
토닥토닥

am은 l랑만 쓰고
is는 3인칭 단수하고 쓰고

엄마~ am, are, is
구분하기 너무 머리
아파요 ㅠㅠ

나머지는 are와
쓴다고 기억하면
조금 쉬워져~

4. 대명사 + be동사 줄임형

우리말도 줄임말을 좋아하듯이 영어도 줄임말을 좋아해요.

대명사 + be동사	줄임형	뜻
I am	I'm	나는 ~이다/있다
We are	We're	우리는 ~이다/있다
You are	You're	너는/너희는 ~이다/있다
They are	They're	그들은/그것들은 ~이다/있다
He is	He's	그는 ~이다/있다
She is	She's	그녀는 ~이다/있다
It is	It's	그것은 ~이다/있다

I am을 빨리 발음하면 I'm
We are를 빨리 발음하면 We're
<대명사 + be동사>를 빨리 발음한 게 줄임형이에요.

Quiz 3

다음 빈칸에 줄임말을 써 보세요.   Unit 15.

1) **I am in the classroom. = _____ in the classroom.**

2) **You are pretty. = _____ pretty.**

3) **It is a cat. = _____ a cat.**

1) '나는 교실에 있다'라는 뜻이에요. I am의 줄임형은 I'm이에요.
2) '너는 예쁘다'라는 뜻. You are의 줄임형은 You're 입니다.
3) '그것은 고양이이다'라는 문장이에요. It is의 줄임형은 It's 예요.

정답 1) I'm 2) You're 3) It's

Unit 15.

머리에 콕콕

다음 <보기>에서 알맞은 말을 골라 빈칸을 완성해 보세요.

보기
▪ You're
▪ 복수
▪ 단수
▪ He's

be동사	정의	예
am	주어 I(나는)와 함께 씀	I am a teacher. (나는 선생님이다.)
are	주어 You(너는/너희는)와 ① _____주어와 함께 씀	You are kind. (너는 친절하다.) The apples are green.(그 사과들은 녹색이다.)
is	주어가 3인칭 ② _____일 때 씀	She is on the farm. (그녀는 농장에 있다.)
줄임형	I am → I'm, We are → We're, You are → ③ _____, They are → They're, He is → ④ _____, She is → She's, It is → it's	

정답 ① 복수 ② 단수 ③ You're ④ He's

문법 Talk

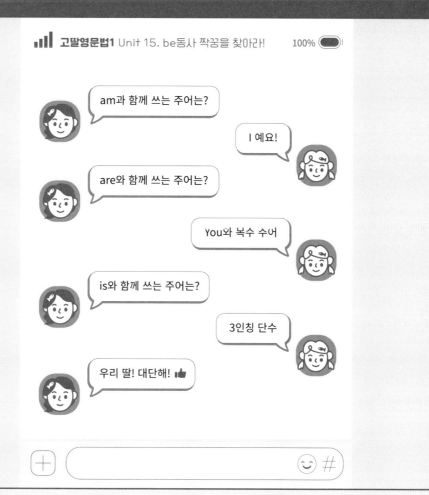

.ıll 고딸영문법1 Unit 15. be동사 짝꿍을 찾아라!   100% 🔋

> am과 함께 쓰는 주어는?

> I 예요!

> are와 함께 쓰는 주어는?

> You와 복수 수어

> is와 함께 쓰는 주어는?

> 3인칭 단수

> 우리 딸! 대단해! 👍

연습문제

매일 10문장

[1-3] 다음 중 올바른 것을 고르세요.

1. 그녀는 아프다.　　　　　She (am / is) sick.

2. 우리는 동물원에 있다.　　We (are / is) at the zoo.

3. 그들은 의사들이다.　　　They (am / are) doctors.

[4-7] 다음 빈칸에 am, are, is를 넣으세요.

4. 그 우산은 초록색이다.　　The umbrella _____ green.

5. 이 개미들은 정말 크다.　　These ants _____ so big.

6. 나의 공은 의자 아래에 있다.　My ball _____ under the chair.

7. 그 펜들은 책상 위에 있다.　The pens _____ on the desk.

[8-10] 다음 문장에서 밑줄 친 부분을 바르게 고치세요.

8. 그녀는 나의 숙모이다.　<u>Shes</u> my aunt.　　_____

9. 너는 친절하다.　　　　<u>Your</u> kind.　　_____

10. 저 소녀는 릴리야.　　That girl <u>are</u> Lily.　_____

[단어] 1. **sick** 아픈 2. **zoo** 동물원 3. **doctor** 의사 4. **umbrella** 우산 **green** 초록색의 5. **ant** 개미
6. **ball** 공 **under** ~ 아래 **chair** 의자 7. **on** ~위에 8. **aunt** 숙모

[복습] 문장의 빈칸을 완성해 보세요.

1. 그는 키가 크다.　　　　He _____ tall.

2. 톰은 간호사이다.　　　Tom _____ a nurse.

3. 너는 똑똑하다.　　　　You _____ smart.

4. 그들은 해변에 있다.　　They _____ at the beach.

5. 우리는 배가 고프다.　　We _____ hungry.

Unit 16. be동사 부정문, 의문문 만드는 방법

be동사로 부정문과 의문문을 만드는 법을 연습할게요!

1. be동사 부정문

다음 두 문장을 비교해 보세요.

1) 그녀는 학생이다.
2) 그녀는 학생이 아니다.

우리말에서 2)'아니다'라고 쓰면 부정하는 의미가 되었죠?
영어도 간단해요. be동사 다음에 not만 붙이면 부정문이 됩니다.

be동사 부정문
(아니다 / 않다 / 없다)

be동사 + not

1) She is a student. (그녀는 학생이다.)
2) She is not a student. (그녀는 학생이 아니다.)

2)번 is 다음에 not을 붙인 것을 확인하세요.

Quiz 1

다음 문장을 부정문으로 만들어 보세요. Unit 16.

I am tired. (나는 피곤하다.) _____

be동사가 있는 문장에서 부정문 만들 때는 not만 기억하면 된다고 했어요.
am 다음에 not을 붙이면 됩니다. I am not tired.(나는 피곤하지 않다.)가 됩니다.

정답 I am not tired.

---

1. be동사 부정문

다음 단어를 바르게 배열하여 문장을 완성하세요.   Unit 16.

그들은 공항에 있지 않다. (are / not / at the airport / they)

_____

영어 문장은 보통 주어로 시작하니 주어 They를 먼저 씁니다. '~있지 않다'라는
be동사 부정문이기 때문에 be동사 are를 먼저 쓰고 not을 써요.
그다음 장소를 나타내는 at the airport를 쓰면 됩니다.   정답 They are not at the airport.

여기서 하나 더 기억할 게 있어요.
부정문도 줄임말을 좋아해요.

be동사 부정문 줄임형

is not = isn't

are not = aren't

am not은 줄여서 발음하기가 힘들어서 줄임형이 따로 있지 않아요.

다음 빈칸에 알맞은 말을 고르세요.   Unit 16.

그녀는 나의 여동생이 아니다. = **She _____ my sister.**

① is   ② not   ③ isn't

빈칸에는 '아니다'에 해당하는 말이 들어가야 해요. not을 쓰려고 봤더니 be동사도 없죠?
따라서 is not을 써야 하고 is not의 줄임형은 isn't입니다.   정답 ③

2. be동사 의문문

be동사가 있는 문장에서 의문문 만드는 방법은요.
두 가지만 기억하면 됩니다.

be동사 의문문

(이니? / 있니?)

1단계) be동사를 맨 앞으로 이동!

2단계) 물음표를 끝에 붙이기!

예문을 함께 볼게요.

She is in China.　(그녀는 중국에 있어.)

Is she in China?　(그녀는 중국에 있니?)

be동사 is를 맨 앞으로 이동하고 문장 마지막에 물음표를 붙였어요.

Quiz 4

다음 문장을 의문문으로 만들어 보세요.　　　　　　　　　　　Unit 16.

They are lions. (그것들은 사자들이다.)　＿＿＿＿＿＿＿＿＿＿＿＿

be동사가 있는 문장에서 의문문 만들 때 기억할 점은 두 가지! be동사를 맨 앞에 쓰고 물음표를
붙이면 되어요. Are they lions?(그것들은 사자들이니?)가 됩니다.　　　　　정답 Are they lions?

3. be동사 의문문 대답

be동사 의문문은 '~니?'라고 물어보는 말이니까
답은 두 가지뿐이에요.

응 = Yes	**아니 = No**

Yes라고 답할 때는 **<Yes, 대명사 주어 + be동사.>**로 쓰고요.
No라고 답할 때는 **<No, 대명사 주어 + be동사 + not.>** 으로 답해요.

설명이 무슨 공식 같죠?
예문을 보면 눈에 더 잘 들어와요.

Is he a teacher? (그는 선생님이니?)

맞을 때는 **Yes, he is.** (응, 그는 그래.)
아닐 때는 **No, he isn't.** (아니, 그는 그렇지 않아.)로 답을 합니다.

참고로 No로 답할 때는 No, he isn't. 에서 isn't 처럼
be동사와 not을 줄임형으로 써요.

또 다른 예문을 볼게요.

Is Amy your cousin? (에이미는 너의 사촌이니?)

맞을 때는 **Yes, she is.** (응, 그녀는 그래.)
아닐 때는 **No, she isn't.** (아니, 그녀는 그렇지 않아.)로 답을 합니다.

여기서 주의할 점! 질문 문장에 Amy가 보이죠?
답을 할 때는 Amy에 대해 말하는 것이므로
Amy를 또 쓰지 않고
인칭대명사 she를 써줍니다.

Quiz 5

다음 질문에 알맞은 답을 고르세요. Unit 16.

Is Jack at home? (잭은 집에 있니?)

① Yes, he is.　② Yes, he isn't.　③ No, she isn't.

Yes라고 답할 때는 <Yes, 대명사 주어 + be동사>를 쓰고요. No라고 답할 때는
<No, 대명사 주어 + be동사 + not>을 쓴다고 했어요. ②는 isn't가 아니라 is가 되어야 하고요.
③은 Jack이 남자이니까 대명사 she가 아니라 he로 써야 합니다.

정답 ①

끝으로 많은 학생들이 헷갈려 하는 질문 형태 하나만 더 정리할게요.

Are you hungry? (너는 배고프니?)

이 질문에 어떻게 답을 할까요?

① **Yes, I am.**　② **Yes, you are.**

정답은? ①이에요.

왜? 옆에 있는 친구가 여러분에게
"너 배고프니?"라고 하면
① 응, 나 배고파.　② 응, 너는 배고파.

뭐라고 답을 하나요? 바로 ①번이죠?

영어도 똑같아요. Are you~?(너는 ~이니?)라고 하면
대답은 내가 하니까 Yes, I am. 또는 No, I'm not.을 씁니다.

Are you okay?
너 괜찮니?

No, I'm not.
영어 어려워요
ㅜㅜ

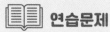

Unit 16.

머리에 쏙쏙

다음 <보기>에서 알맞은 말을 골라 빈칸을 완성해 보세요.

보기
- No
- 물음표
- not
- aren't

be동사	형태	예
부정문	• be동사 뒤에 ① _____을 붙임 • 뜻: 아니다/않다/없다	I am not tired. (나는 피곤하지 않아.)
부정문 줄임형	is not → isn't are not → ② _____	She isn't my sister. (그녀는 나의 여동생이 아니다.)
의문문	• 1단계) be동사 맨 앞에 쓰기 2단계) 문장 끝에 ③ _____를 붙임 • 뜻: 이니/있니?	Are they lions? (그것들은 사자들이니?)
의문문 대답	• Yes, 대명사 주어 + be동사. • ④ _____, 대명사 주어 + be동사 + not.	Yes, he is. (응, 그는 그래.) No, he isn't. (아니, 그는 그렇지 않아.)

정답 ① not ② aren't ③ 물음표 ④ No

문법 Talk

📶 **고딸영문법1** Unit 16. be동사 부정문, 의문문 만드는 방법 100% 🔋

엄마~ be동사 부정문은 어떻게 만들어요?

be동사 뒤에 not만 붙이면 돼~

아하~ 그럼 의문문은요?

be동사를 맨 앞에 쓰고 문장 끝에는 물음표를 붙여.

의문문에는 어떻게 답을 해야 해요?

Yes 아니면 No를 이용해서 답을 해.

Unit 16.

매일 10문장

[1-4] 다음 문장을 주어진 형태로 바꿔 쓰세요.

1. She is in the classroom. [부정문] _____

2. I'm Korean. [부정문] _____

3. Tom is diligent. [의문문] _____

4. They are good students. [의문문] _____

[5-7] 다음 빈칸에 알맞은 말을 쓰세요.

5. _____ they at school? Yes, _____ are.

6. Are you thirsty? Yes, I _____.

7. Is he a pianist? No, _____ _____.

[8-10] 다음 주어진 단어를 바르게 배열하세요.

8. 나는 슬프지 않아. (am / not / sad / I)

   _____

9. 그것들은 테이블 위에 있지 않아. (aren't / on the table / they)

   _____

10. 그녀는 화가 났니? (angry / she / is)

   _____

[단어] 1. **classroom** 교실 2. **Korean** 한국인의 3. **diligent** 부지런한 4. **good** 훌륭한 6. **thirsty** 목이 마른
7. **pianist** 피아니스트 10. **angry** 화가 난

[복습] 문장의 빈칸을 완성해 보세요.

1. 그 우산은 초록색이다. The umbrella _____ green.

2. 이 개미들은 정말 크다. These ants _____ so big.

3. 나의 공은 의자 아래에 있다. My ball _____ under the chair.

4. 그 펜들은 책상 위에 있다. The pens _____ on the desk.

5. 저 소녀는 릴리야. That girl _____ Lily.

다음 두 문장을 비교해 볼게요.

1) I like cheese. (나는 치즈를 좋아한다.)

2) He likes cheese. (그는 치즈를 좋아한다.)

여기서 질문! 왜 2) 문장에 동사는 like가 아니라 likes라고 썼을까요?

엄마~ 동사에 s가 왜 붙어 있어요?

주어를 잘 비교해 보렴~

영어에서는 현재에 대해 말할 때

주어가 3인칭 단수이면 동사에 s를 붙입니다.

3인칭 단수는 삼자이고 혼자일 때를 의미한다고 했죠?

3인칭 = 삼자

단수 = 하나

1)은 주어가 I로 1인칭 단수이니까 동사에 아무것도 안 붙였는데요.

2)는 주어가 He로 3인칭 단수라서 s를 붙였어요.

3인칭 단수 주어

a tiger(사자 한 마리는) **the boy**(그 소년은) **he**(그는) **it**(그것은)
my mom(나의 엄마는) **his cup**(그의 컵은) **Jane**(제인은) 등등

모두 1, 2인칭 아니고 혼자 있으니
3인칭 단수입니다.

3인칭 단수
또 나왔네요?

상자가 혼자 있으면
외로우니깐
동사에 s를 붙인다고
기억하면 쉬워~

Quiz 1

다음 중 3인칭 단수를 고르세요.   Unit 17.

① the bird   ② they   ③ the books

3인칭은1, 2인칭을 제외한 나머지이고, 단수는 혼자 있는 거예요. ① '그 새'는 3인칭이고 단수예요.
② '그들은' 여럿을 의미하니 3인칭 복수입니다. ③ '그 책들은'은 3인칭이지만 여러 권을 의미하니 복수예요.   정답 ①

Quiz 2

다음 빈칸에 들어갈 수 있는 단어를 고르세요.

_____ **lives in Seoul.**

① I   ② We   ③ She

동사 live에 s가 붙어있기 때문에 주어가 3인칭 단수이어야 해요. ①은 1인칭 단수,
②는 1인칭 복수, ③ 3인칭 단수입니다.   정답 ③

어때요?

주어가 3인칭 단수일 때 동사에 s붙이는 개념! 조금 친숙해지시나요?

문제는! 늘 s만 붙이는 게 아니라, 어떨 때는 es,

어떨 때는 y를 i로 고치고 es를 붙이기도 해요.

외울 게 또 진짜 많겠네요 ㅠㅠ

다행히도 Unit 3에서 명사에 s 붙이는 방법이랑 비슷해~

1. s, x, ch, sh 로 끝나는 동사 + es

s, x, ch, sh를 한번 발음해 보세요.

'ㅅㅅㅊ쉬' 뭔가 **파도 소리** 같으면서 발음이 거칠다고 했죠?

여기에 바로 또 s발음을 붙이면 s발음이 티가 안 나니깐 **es**를 붙이고 /iz/로 발음을 합니다.

예를 들어 볼게요.

1) **pass**(통과하다) **- passes**   **2)** **fix**(고치다) **- fixes**

3) **watch**(보다) **- watches**   **4)** **finish**(끝내다) **- finishes**

1) **pass**는 s로 끝나는 동사! s를 그냥 붙이지 않고 **es**를 붙였어요.

2) **fix**에서 x는 'ㅅ'발음이죠? 이때 바로 s를 붙이면 발음이 티가 안 나서 **es**를 붙여요.

3) **watch**의 경우에도 끝소리 ch, 즉 'ㅊ'소리가 강하니까 바로 'ㅅ'발음을 하지 못해요.

그래서 **es**를 붙입니다.

4) **finish**는 끝소리 sh, 즉 '쉬'소리가 강해요. 그래서 **es**를 붙여요.

2. y로 끝나는 동사 + ies

우리 앞에서 y의 특이한 성격 배웠죠?
동사일 때도 쭉 그 성격이 유지되어요.

y는 고집이 있어요!
y는 맨 끝만 좋아해서 y를 i로 바꾸고 es를 붙여요.

예를 들어 볼게요.

1) cry(울다) – cries   2) fly(날다) – flies
3) try(시도하다) – tries   4) study(공부하다) – studies

그런데! y도 친구가 있으면 그냥 s쓰는 걸 허락한다고 했죠?
그 친구는 바로 모음!
<모음 + y>는 그냥 s만 붙입니다.

모음 좋아 ㅋㅋㅋ

예를 들어 볼게요.

1) buy(사다) – buys   2) say(말하다) – says
3) play(놀다) – plays   4) pay(지불하다) – pays

모두 <모음 + y>로 되어 있어서 단순하게 s만 붙였어요.

Quiz 3

괄호 안의 단어를 활용하여 빈칸에 알맞은 말을 쓰세요.

Unit 17.

He _____ basketball. (play)

주어가 He로 3인칭 단수이니까 동사에 s를 붙여야 해요. play는 y로 끝나지만
모음 a와 딱 붙어 쓰였기 때문에 그냥 s를 붙입니다. '그는 농구를 한다'는 뜻이에요.

정답 plays

3. o로 끝나는 동사 + es

o로 끝나는 동사 다음에는 s가 아니라 es를 붙어요.
'o는 es를 좋아해'를 기억하고
'오이'로 외우면 쉬워요.

do(하다) **– does**
go(가다) **– goes**

o로 끝나는 동사는 일단 별로 없어요. 두 개만 기억해요.

4. have

정말 자주 쓰는 동사 have는 s를 붙이는 형태가 특이해요.

have(가지다) **– has**

haves가 절대 아니고 has가 된다는 것을 꼭 기억하세요.

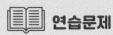

머리에 쏙쏙

Unit 17.

다음 <보기>에서 알맞은 말을 골라 빈칸을 완성해 보세요.

보기	법칙	주어가 ① _____ 때 일반동사에 s를 붙임	
• es • 3인칭 단수 • has • i	s를 붙이는 다양한 방법	s, x, ch, sh 끝나는 동사 + ② _____	passes(통과하다), fixes(고치다)
		y로 끝나는 동사는 y를 ③ _____로 고치고 + es	cries(울다), flies(날다)
		단, 모음+y로 끝나는 동사 + s	buys(사다), says(말하다)
		o로 끝나는 동사 + es	does(하다), goes(가다)
		have	④ _____(가지다)

정답 ① 3인칭 단수 ② es ③ i ! ④ has

문법 Talk

매일 10문장

[1-4] 다음 중 올바른 것을 고르세요.

1. She ﴾ get / gets ﴿ up at 7.

2. ﴾ We / Mina ﴿ likes books.

3. ﴾ I / He ﴿ teaches Chinese.

4. My dad ﴾ watch / watches ﴿ the news every night.

[5-7] 다음 주어진 단어를 활용하여 빈칸에 알맞은 말을 쓰세요.

5. 그는 영어를 공부한다.   He ＿＿＿＿＿＿＿ English. (study)

6. 팀은 설거지를 한다.   Tim ＿＿＿＿＿＿＿ the dishes. (wash)

7. 그녀는 아들이 있다.   She ＿＿＿＿＿＿＿ a son. (have)

[8-10] 다음 문장에서 밑줄 친 부분을 바르게 고치세요.

8. Jack <u>do</u> his homework at night.   ＿＿＿＿＿＿＿＿＿＿＿＿＿

9. The library <u>open</u> at 10.   ＿＿＿＿＿＿＿＿＿＿＿＿＿

10. She <u>go</u> to school at 8.   ＿＿＿＿＿＿＿＿＿＿＿＿＿

[단어] 1. **get up** 일어나다 3. **Chinese** 중국어 4. **watch** 보다 **news** 뉴스 **every night** 매일 밤
6. **wash the dishes** 설거지하다 8. **homework** 숙제 **at night** 밤에 9. **open** 열다

Unit 16 복습 TEST

[복습] 문장의 빈칸을 완성해 보세요.

1. 그녀는 교실에 있지 않다.   She ＿＿＿＿＿＿ in the classroom.

2. 너는 목이 마르니?   ＿＿＿＿＿＿ you thirsty?

3. 그는 피아니스트이니?   ＿＿＿＿＿＿ he a pianist?

4. 나는 슬프지 않아.   I am ＿＿＿＿＿＿ sad.

5. 그것들은 테이블 위에 있지 않아.   They ＿＿＿＿＿＿ on the table.

Unit 18. 일반동사 부정문 만드는 법

이번에는 일반동사로 부정문 만드는 법을 연습할게요!

1. 일반동사 부정문: don't

Unit 16에서 be동사는 부정문 만들 때 not만 붙이면 된다고 했죠?
일반동사는 **do not**의 도움을 받아야 해요.

일반동사야~
부정문 만들 땐
나를 불러~

do not

일반동사 앞에 do not을 붙이면 부정문이 됩니다.

일반동사 부정문		do not (= don't)
(안 / 하지 않다)		

do not은 don't로 줄여 써요!

> 1) **I like chocolate.** (나는 초콜릿을 좋아한다.)
> 2) **I don't like chocolate.** (나는 초콜릿을 좋아하지 않는다.)

일반동사 앞에 don't가 있어서 부정문이 되었어요.

Quiz 1

다음 문장을 부정문으로 만들어 보세요.

Unit 18.

I study Chinese. (나는 중국어를 공부한다.)

= _____

여기서 동사는 study예요. 부정문을 만들 때는 일반동사 앞에 don't를 붙이면 되어요.
I don't study Chinese.(나는 중국어를 공부하지 않는다.)라는 뜻이에요.

정답 I do not(don't) study Chinese.

Quiz 2

다음 단어를 바르게 배열하여 문장을 완성하세요.

그들은 자동차를 가지고 있지 않아. (don't / they / a car / have)

= _____

영어 문장은 보통 주어로 시작하니 주어 They를 먼저 씁니다.
have의 부정문이니까 have 앞에 don't를 써주면 됩니다.

정답 They don't have a car.

한 가지 더 주의할 점이 있어요.
don't가 부정문 만드는 걸 도와줬으니, 조건이 있어요!
바로 don't 다음에 **동사원형**을 써야 합니다.

do not(= don't) + 동사원형

엄마! 동사원형은
또 뭐예요?

동사에 아무것도
안 붙은 형태를
동사원형이라고 해.

동사원형은요. **동사 원래 그대로의 형태**를 의미하는데요.

1. 일반동사 부정문: don't

동사에 s가 붙어도 안 되고, d같은 게 붙어도 안 되어요.
우리 단어장 외울 때 단어 그대로의 형태를 의미해요.

like, likes 모두 동사는 맞지만, like만 동사원형이에요.

다음 중 동사원형을 고르세요.   Unit 18.

① go   ② has   ③ reads

동사원형이란 동사에 s나 d같은 게 붙어 있지 않고, 원래 형태 그대로라고 했어요.
② has는 have(가지다)에 s가 붙어 있는 형태라 탈락. ③ read(읽다)에는 s가 붙어 있어서 탈락.   정답 ①

다음 중 올바르지 <u>않은</u> 문장을 고르세요.

① I don't study math. (나는 수학을 공부하지 않는다.)

② They don't eat meat. (그들은 고기를 먹지 않는다.)

③ We don't lives in Korea. (우리는 한국에 살지 않는다.)

①, ②, ③ 모두 부정문이에요. 부정의 의미로 don't를 썼고요. don't 다음에는
동사원형을 꼭 써야 해요. ③ 동사 lives가 아니라 live로 바꿔야 합니다.   정답 ③

부정문 만들 때 don't 말고 does not를 쓸 때도 있어요.

부정문 만들 땐 나도 쓰지롱!

does not

does not의 줄임형은 doesn't인데요.

언제 쓸까요?

주어가 3인칭 단수일 때

우리 주어가 3인칭 단수일 때 동사에 s를 붙였죠?
주어가 3인칭 단수이면 s를 좋아해서
부정문 만들 때도 do에 s가 붙은 형태 **does not**을 쓴답니다.

예문을 볼게요.

She speaks English. (그녀는 영어를 말한다.)
She doesn't speak English. (그녀는 영어를 말하지 않는다.)

주어가 She로 3인칭 단수이니까 doesn't를 써서 부정문을 만들어줘요.
그리고 하나 더 주의할 점!
doesn't가 부정문 만드는 걸 도와줬으니, doesn't 다음에 꼭 **동사원형**을 써야 해요.
doesn't speaks (X) 이렇게 쓰면 안 되고, **doesn't speak**라고 써야 하는 것도 명심하세요.

does not (= doesn't) + 동사원형

부정문 만드는 방법을 2단계로 깔끔하게
다시 정리해 볼게요!

일반동사 부정문

(안 / 하지 않다)

1단계) 동사 앞에 don't나 doesn't를 쓰기!

2단계) 동사원형 썼는지 확인!

Quiz 5

다음 문장을 부정문으로 만들어 보세요.   Unit 18.

She has a computer. (그녀는 컴퓨터를 가지고 있다.)

= _____

일반동사 부정문 만들 때는 don't나 doesn't를 붙여야 해요. 주어가 She로 3인칭 단수이니까 doesn't를 붙여야 해요. 그리고
뒤에는 has의 동사원형인 have를 써야 합니다. She doesn't have a computer. (그녀는 컴퓨터를 가지고 있지 않다.)라는 뜻
이에요.

정답 She doesn't have a computer.

Quiz 6

다음 주어진 문장을 부정문으로 바르게 바꾼 것을 고르세요.

He walks to school.

① He don't walk to school.

② He doesn't walks to school.

③ He doesn't walk to school.

주어가 He로 3인칭 단수예요. 부정문을 만들 때 doesn't를 써야 해요.
그리고 doesn't의 도움을 받았으니 다음에는 꼭 동사원형을 써야 합니다.

정답 ③

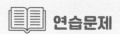

Unit 18.

머리에 콕콕

다음 <보기>에서 알맞은 말을 골라 빈칸을 완성해 보세요

보기	• doesn't　　　• 동사원형　　　• don't

일반동사 부정문	예
• 뜻: 안 / 하지 않다 • 1단계) 동사 앞에 don't나 ① _____ 붙이기 　(주어가 3인칭 단수일 때 doesn't를 씀) 　2단계) ② _____을 썼는지 확인	I ③ _____ like chocolate. (나는 초콜릿을 좋아하지 않는다.) She doesn't speak English. (그녀는 영어를 말하지 않는다.)

정답 ① doesn't ② 동사원형 ③ don't

문법 Talk

📶 **고딸영문법1** Unit 18. 일반동사 부정문 만드는 법　　100% 🔋

엄마~ 일반동사 부정문은
어떻게 만들어요?

don't나 doesn't를 쓰면 돼~

언제 doesn't를 써요?

주어가 3인칭 단수일 때
doesn't를 써!

아하~ 간단하네요!

응! don't나 doesn't 다음에
동사원형 쓰는 것까지 기억해야 해.❤

연습문제

Unit 18.

매일 10문장

[1-3] 다음 중 올바른 것을 고르세요.

1. I (don't / doesn't) drink coke.

2. She (don't / doesn't) look happy.

3. Kelly doesn't (ride / rides) a bike.

[4-7] 다음 문장을 부정문으로 바꿔 쓰세요.

4. They have a piano. _____

5. She works hard. _____

6. I like spring. _____

7. He eats fish. _____

[8-10] 다음 문장에서 밑줄 친 부분을 바르게 고치세요.

8. My father <u>don't</u> sleep late. _____

9. I don't <u>likes</u> cold weather. _____

10. He doesn't <u>has</u> many friends. _____

[단어] 1. **drink** 마시다 **coke** 콜라 2. **look** ~하게 보인다 3. **bike** 자전거 5. **hard** 열심히
8. **late** 늦게 9. **weather** 날씨

[복습] 문장의 빈칸을 완성해 보세요.

Unit 17 복습 TEST

1. 그녀는 7시에 일어난다. She _____ up at 7.

2. 그는 중국어를 가르친다. He _____ Chinese.

3. 그는 영어를 공부한다. He _____ English.

4. 그 도서관은 10시에 연다. The library _____ at 10.

5. 그녀는 8시에 학교에 간다. She _____ to school at 8.

Unit 19. 일반동사 의문문 만드는 법

1. 일반동사 의문문

그럼 일반동사로 의문문은 어떻게 만들까요?
간단해요! **Do** 또는 **Does**를 문장 맨 앞에 붙이고
물음표만 붙이면 됩니다.

일반적으로는 Do를 쓰고, 주어가 3인칭 단수일 때는 **Does**를 써야 해요.
그리고 의문문 만들 때 Do 또는 Does의 도움을 받았기 때문에
따라오는 동사는 꼭 **동사원형**을 씁니다.

의문문 만드는 방법을 3단계로 정리해 볼게요!

일반동사 의문문 (~하니?)		1단계) 문장 앞에 Do나 Does를 쓰기 2단계) 동사원형 썼는지 확인 3단계) 물음표 붙이기

예문을 볼게요.

They play soccer. (그들은 축구를 한다.)
Do they play soccer? (그들은 축구를 하니?)

주어가 They 3인칭 복수라서 Do를 맨 앞에 썼고요.
동사는 동사원형으로 play를 쓰고 물음표를 붙였어요.

또 다른 예문!

He lives in Seoul. (그는 서울에 산다.)

Does he live in Seoul? (그는 서울에 사니?)

주어가 he로 3인칭 단수이니까 Does를 썼고요.
동사원형으로 live를 쓰고 물음표를 붙였답니다.

Quiz 1

다음 문장을 의문문으로 만들어 보세요.   Unit 19.

He drives.

= _____

일반동사 의문문 만들 때는 맨 앞에 Do나 Does를 써야 해요. 주어가 He로 3인칭 단수이니까 Does를 씁니다. 그리고 뒤에는 drives의 동사원형인 drive를 써야 해요. He drives. (그는 운전을 한다.) Does he drive? (그는 운전을 하니?)라는 뜻입니다.

정답 Does he drive?

Quiz 2

다음 주어진 문장을 의문문으로 바르게 바꾼 것을 고르세요.

She eats breakfast.

① Do she eat breakfast?

② Does she eats breakfast?

③ Does she eat breakfast?

일반동사 의문문 만들 때는 Do나 Does를 쓰는데요. 주어가 She로 3인칭 단수이니까 Does를 써야 해요.
그리고 Does의 도움을 받았으니 다음에는 꼭 동사원형으로 eat를 써야 합니다.
She eats breakfast. (그녀는 아침을 먹는다.) Does she eat breakfast? (그녀는 아침을 먹니?)라는 뜻이에요.   정답 ③

2. 일반동사 의문문 대답

일반동사로 물어보는 질문은요,
'~하니?'라고 물어보기 때문에 두 가지로 답할 수 있어요!

응 = Yes

아니 = No

Yes라고 답할 때는 **\<Yes, 대명사 주어 + do/does.\>**로 쓰고요.
No라고 답할 때는 **\<No, 대명사 주어 + don't/doesn't.\>**으로 답해요.

주의할 점은 주어가 무엇인지를 잘 따져서 답을 해야 해요.
일반적으로는 do나 don't를 쓰지만
주어가 **3인칭 단수**이면 does나 doesn't를 쓴다는 것 꼭 기억하세요.

예문을 볼게요.

Do they like English? (그들은 영어를 좋아하니?)
Yes, they do. (응, 그들은 그래.)

주어가 they이기 때문에 do를 이용해서 질문하고 답을 했어요.

다음 예문!

Does he like English? (그는 영어를 좋아하니?)
No, he doesn't. (아니, 그렇지 않아.)

주어가 he로 3인칭 단수이니까 does를 사용했어요.
No로 대답을 했기 때문에 doesn't를 쓴 것도 주목하세요.

Does Amy go to school? (에이미는 학교에 다니니?)

맞을 때는 **Yes, she does.** (응, 그녀는 그래.)
아닐 때는 **No, she doesn't.** (아니, 그녀는 그렇지 않아.)로 답을 합니다.

답을 할 때는 Amy를 반복해서 쓰지 않고
인칭대명사 she를 써준 것을 확인하세요.

Quiz 3

다음 질문에 알맞은 답을 고르세요.   Unit 19.

Does she eat cheese? (그녀는 치즈를 먹니?)

① Yes, she is.   ② Yes, she do.   ③ Yes, she does.

일반동사 의문문에서 Yes라고 답할 때는 <Yes, 대명사 주어 + do/does>를 쓴다고 했어요.
주어가 she로 3인칭 단수이니까 does를 써야 해요. ①에 is는 be동사로 시작하는 질문의 답이에요.   정답 ③

Quiz 4

다음 빈칸에 알맞은 말을 쓰세요.

A: Do you like movies?

B: No, I _____.

A: 너는 영화를 좋아하니? B: 아니, 그렇지 않아. 일반동사 의문문에 답을 하는 문제예요.
No로 답을 할 때는 <No, 대명사 주어 + don't/doesn't.> 답을 하는데요. 주어가 I이니까 don't를 써야 해요.   정답 don't

 연습문제

머리에 쏙쏙

Unit 19.

다음 <보기>에서 알맞은 말을 골라 빈칸을 완성해 보세요.

보기	일반동사	정의	예
▪ Do ▪ don't ▪ 동사원형	일반동사 의문문	1단계) 문장 앞에 Do나 Does를 쓰기 (주어가 3인칭 단수일 때 Does를 씀) 2단계) ① _____ 썼는지 확인 3단계) 물음표 붙이기	② _____ they play soccer? (그들은 축구를 하니?)
	의문문 대답	• <Yes, 대명사 주어 + do/does.> • <No, 대명사 주어 + don't/doesn't.>	Yes, they do. (응, 그들은 해.) No, they ③ _____. (아니, 그들은 하지 않아.)

정답 ① 동사원형 ② Do ③ don't

문법 Talk

고딸영문법1 Unit 19. 일반동사 의문문 만드는 법   100%

엄마~ 일반동사 의문문은 어떻게 만들어요?

Do나 Does를 문장 앞에 붙이면 돼!

Does는 언제 써요?

주어가 3인칭 단수일 때!

3인칭 단수는 정말 특별하네요 ㅋㅋㅋ

그렇지~ 그래서 영어 배울 때 3인칭 단수를 꼭 알아야 해.

121

연습문제

매일 10문장

[1-3] 다음 중 올바른 것을 고르세요.

1. ❨ Do / Does ❩ you have a sister?

2. ❨ Do / Does ❩ he speak Korean?

3. Does she ❨ read / reads ❩ comic books?

[4-7] 다음 문장을 의문문으로 바꿔 쓰세요.

4. He wants a new phone. _____

5. They live in America. _____

6. Amy likes flowers. _____

7. She wears glasses. _____

[8-10] 다음 밑줄 친 부분이 맞으면 O, 틀리면 X를 하고 바르게 고치세요.

8. Does he <u>has</u> breakfast? _____

9. <u>Do</u> you play tennis? _____

10. <u>Do</u> Lucy eat chicken? _____

[단어] 2. **speak** 말하다 **Korean** 한국어 3. **comic book** 만화책 4. **phone** 폰, 전화기
5. **America** 미국 7. **wear** 쓰다, 입다 **glasses** 안경 8. **breakfast** 아침 식사

Unit 18 복습 TEST

[복습] 문장의 빈칸을 완성해 보세요.

1. 그녀는 행복해 보이지 않는다. She _____ look happy.

2. 그들은 피아노를 가지고 있지 않다. They _____ _____ a piano.

3. 그녀는 열심히 일하지 않는다. She _____ _____ hard.

4. 나는 추운 날씨를 좋아하지 않는다. I _____ _____ cold weather.

5. 그는 많은 친구들이 있지 않다. He _____ _____ many friends.

A. 다음 문제를 풀어 보세요.

[1-3] 다음 빈칸에 들어갈 알맞은 말을 고르세요.

1

_____ am tired.

① I   ② You

③ She   ④ We

2

_____ is a doctor.

① I   ② You

③ Jack   ④ They

3

The _____ are red.

① chair   ② cup

③ box   ④ pens

[4-5] 다음 문장을 주어진 형태로 바꿔 쓰세요.

4

It is a rabbit.

[부정문] _____

5

They are police officers.

[의문문] _____

[6-7] 다음 괄호 안의 단어를 활용하여 빈칸을 완성하세요.

6

He _____ milk every morning. (buy)

7

Emma _____ to school at 7:30. (go)

[8-9] 다음 밑줄 친 부분이 올바르지 <u>않은</u> 것을 고르세요.

8
① I <u>don't</u> like oranges.

② They don't <u>live</u> here.

③ He <u>doesn't</u> have a brother.

④ She doesn't <u>does</u> her homework.

9
① Do you <u>have</u> a dog?

② <u>Do</u> they get up early?

③ <u>Do</u> John wash the dishes?

④ <u>Does</u> he study hard?

10 다음 대화의 빈칸을 완성하세요.

A: _____ you speak English?

B: No, I _____.

B. 문장의 빈칸을 완성해 보세요.

1 너는 똑똑하다.　　　　　　You _____ smart.

2 그들은 해변에 있다.　　　　They _____ at the beach.

3 그녀는 아프다.　　　　　　She _____ sick.

4 나의 공은 의자 아래에 있다.　My ball _____ under the chair.

5 그녀는 교실에 있지 않다.　　She _____ in the classroom.

6 그들은 학교에 있니?　　　　_____ they at school?

7 그녀는 아들 한 명이 있다.　　She _____ a son.

8 그녀는 행복해 보이지 않는다.　She _____ look happy.

9 그는 생선을 먹지 않는다.　　He _____ eat fish.

10 그녀는 안경을 쓰니?　　　　_____ she wear glasses?

C. 다음 밑줄 친 부분을 바르게 고쳐 보세요.

1 톰은 간호사이다.　　　　　Tom <u>are</u> a nurse.　　_____

2 우리는 배가 고프다.　　　　We <u>is</u> hungry.　　_____

3 그 우산은 초록색이다.　　　The umbrella <u>are</u> green.　_____

4 이 개미들은 정말 크다.　　　These ants <u>is</u> so big.　_____

5 나는 부지런하지 않다.　　　I'm <u>no</u> diligent.　_____

6 그녀는 화가 났니?　　　　　<u>Does</u> she angry?　_____

7 팀은 설거지를 한다.　　　　Tim <u>wash</u> the dishes.　_____

8 그는 많은 친구들이 있지 않다.　He <u>don't</u> have many friends.　_____

9 그는 한국어를 말하니?　　　Does he <u>speaks</u> Korean?　_____

10 너는 테니스를 치니?　　　　<u>Does</u> you play tennis?　_____

고딸영문법

기초를 위한 필수 개념 이해

Unit 21. 형용사란?

1. 형용사란 무엇인가?

형용사란 뭘까요?
예문을 보면서 개념을 잡아 봅시다!

여기에 상자 하나가 있어요.

This is a box. (이것은 상자이다.)

"어떤 상자야? 무슨 특징이 있어?"

This is a big box. (이것은 **큰** 상자이다.)

상자의 형태를 나타내기 위해
box(상자) 앞에 **big**(큰)이란 말을 썼는데요.
이 big이 바로 **형용사**! 명사 box의 모양을 설명해 줍니다.

이처럼 형용사는 명사의 형태를 나타낼 때 써요.

형용사 = 명사의 형태를 나타내는 말

형태는 **모양, 상태, 성질** 등을 포함하는데요.
자주 쓰는 형용사에는 다음 단어들이 있어요.

big(큰) **small**(작은) **pretty**(예쁜) **tall**(키가 큰) **short**(키가 작은)
lazy(게으른) **brave**(용감한) **smart**(똑똑한) **hungry**(배가 고픈) 등등

모두 '**~한**'이란 의미로 우리말 '~ㄴ'으로 끝나요.

여기서 한 가지 주의할 점!
단어를 외울 때 뜻을 정확하게 기억하는 것이 중요해요.

예를 들어, big이란 단어를 외울 때
'크다' 즉, 동사의 뜻으로 외우면 안 돼요.
'큰'이라고 기억하고 **형용사**라는 것까지 알아둬야 합니다.

big = 큰 (형용사)

동사, 형용사가
구분이 헷갈려요~
엄마 ㅠㅠ

동사는 '~다'
형용사는 '~한, ~ㄴ'
로 끝나는 말이야.

Quiz 1

다음 중 형용사를 고르세요.   Unit 21.

① winter   ② sad   ③ read

'① 겨울 ② 슬픈 ③ 읽다'라는 뜻이에요. ①은 명사 ③ 은 '~다'로 끝나니 동사입니다.
②만 감정의 상태를 나타내고 '~ㄴ'으로 끝나니 형용사예요.   정답 ②

2. 형용사의 위치

형용사를 자주 쓰는 두 곳을 살펴 볼게요.

형용사의 위치

1) 명사 바로 앞   2) be동사 뒤

첫 번째, **명사 바로 앞**에 씁니다.
여기 한 소녀가 있어요.
이 소녀를 '똑똑한 소녀'라고 말하고 싶어요.

그럴 땐 '똑똑한'을 의미하는 형용사 smart를 girl(소녀) 앞에 써주면 됩니다.

smart girl (똑똑한 소녀)

형용사 smart가 명사 girl 바로 앞에서 꾸며주고 있어요.

또 다른 예문!
컴퓨터가 한 대 있어요. '오래된 컴퓨터'라고 말하고 싶어요.

old computer (오래된 컴퓨터)

'오래된'을 의미하는 형용사 old를 명사 computer 바로 앞에 썼어요.

Quiz 2

다음 괄호 안의 형용사를 올바른 곳에 넣어 문장을 완성하세요.

Unit 21.

그것은 귀여운 개이다. **It's a dog.** (cute)

= _____

cute는 형용사로 명사 앞에서 명사를 꾸며줘요. 명사 dog 바로 앞에 쓰면 됩니다.

정답 It's a cute dog.

두 번째, **형용사는 be동사 뒤에** 씁니다.

Jenna is smart. (제나는 똑똑하다.)

~이다(is) + 똑똑한(smart) = 똑똑하다
be동사 is와 형용사 smart가 만나서 '똑똑하다'라는 뜻이 되었어요.
형용사 smart는 주어 Jenna가 어떤 사람인지에 관해 설명해 주고 있어요.

Quiz 3

다음 단어를 바르게 배열하여 문장을 완성하세요.

Unit 21.

나의 오빠는 키가 크다. (tall / is / my / brother)

= _____

영어 문장은 보통 주어로 시작하니 주어에 해당하는 My brother를 먼저 씁니다. 그리고 be동사
is를 쓰고, be동사 뒤에 형용사를 쓰면 되어요. '~이다(is) + tall(키가 큰) = 키가 크다'가 됩니다.

정답 My brother is tall.

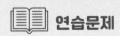
머리에 콕콕

Unit 21.

다음 <보기>에서 알맞은 말을 골라 빈칸을 완성해 보세요.

보기			
▪ 뒤 ▪ 명사 ▪ smart	형용사	• ① _____의 형태를 나타내 주는 말 • '~한'이란 의미	big(큰), small(작은), pretty(예쁜)
	형용사의 위치	1) 명사 바로 앞 2) be동사 ② _____	smart girl(똑똑한 소녀) Jenna is ③ _____. (제나는 똑똑하다.)

정답 ① 명사 ② 뒤 ③ smart

문법 Talk

고딸영문법1 Unit 21. 형용사란?   100%

엄마~ 형용사는 뭐예요?

명사의 형태를 나타내는 말이야.

어려워요 ㅠㅠ

big(큰), pretty(예쁜)처럼
'~한'이란 의미를 가져~

아하~ 그럼 형용사는 어디에 써요?

주로 명사 앞이나
be동사 뒤에 써~

문제를 어서 풀어 봐야겠어요~

매일 10문장

[1-3] 다음 문장에서 형용사를 찾아 밑줄 그어 보세요.

1. 이 쿠키는 달콤하다.　　　　This cookie is sweet.

2. 그녀는 큰 개를 가지고 있다.　　She has a big dog.

3. 그것은 슬픈 이야기이다.　　　It is a sad story.

[4-7] 다음 괄호 안의 형용사를 알맞은 위치에 넣어 문장을 쓰세요.

4. 그는 새로운 신발을 샀다.　He bought shoes. (new)　　_____

5. 그 집은 오래되었다.　　　The house is. (old)　　_____

6. 그것은 작은 차이다.　　　It is a car. (small)　　_____

7. 이것은 어려운 질문이다.　This is a question. (difficult)　_____

[8-10] 다음 주어진 단어를 바르게 배열하세요.

8. 그는 멋진 사람이다. (is / a / man / he / nice)　　_____

9. 나는 춥다. (am / cold / I)　　_____

10. 그녀는 긴 머리를 가지고 있다. (has / hair / long / she)　_____

[단어] 1. **sweet** 달콤한　2. **big** 큰　3. **story** 이야기　4. **bought** 샀다 [**buy** 사다]　7. **question** 질문　**difficult** 어려운

[복습] 문장의 빈칸을 완성해 보세요.

1. 그는 한국어를 말하니?　　　_____ he speak Korean?

2. 그들은 미국에 사니?　　　　_____ they _____ in America?

3. 에이미는 꽃을 좋아하니?　　_____ Amy _____ flowers?

4. 그녀는 안경을 쓰니?　　　　_____ she wear glasses?

5. 너는 테니스를 치니?　　　　_____ you play tennis?

Unit 19 복습 TEST

Unit 22. 수와 양을 나타내는 형용사

1. 수와 양을 나타내는 형용사란?

우리말로

> ### 많은, 적은, 거의 없는, 약간

이런 단어들이 수와 양을 나타내는 말인데요.
모두 명사 앞에서 사물의 수와 양을 나타내니까 **형용사**예요.

많은	many
	much
	a lot of (lots of)
적은, 조금	a few
	a little
거의 없는	few
	little

이 단어들이 각각
셀 수 있는 명사를 좋아하는지
셀 수 없는 명사를 좋아하는지까지 따져 봐야 합니다.

셀 수 있는 명사?
셀 수 없는 명사요?

우리 Unit 5에서
공부했던 걸 여기서 또
활용할 수 있단다~

> **many + 셀 수 있는 명사**
> **much + 셀 수 없는 명사**
> **a lot of (lots of) + 셀 수 있는 / 없는 명사**

세 표현 모두 '많은'이란 뜻인데요.
many는 셀 수 있는 명사와 쓰고요. **much**는 셀 수 없는 명사하고만 써요.
a lot of는 **lots of**랑 같은 표현인데요. 셀 수 있는지 없는지에 상관없이 씁니다.

문제 적용! 다음 중 알맞은 표현을 골라 보세요.

> **I have (many / much) books.** (나는 많은 책들을 가지고 있다.)

정답은?
many와 much 모두 '많은'이란 뜻으로 똑같지만, 뒤에 있는 명사를 봐야 해요.
books는 셀 수 있는 명사이니까 many가 답이에요.
책이 많이 있으니까 book도 복수형으로 books라고 써야 합니다.

> **many + 복수명사**

그리고 many 대신에 a lot of (lots of)를 써도 되어요.

> **I have many books. = I have a lot of books.**

a lot of는 셀 수 있는 명사와 셀 수 없는 명사 다 쓸 수 있어요.

또 다른 문제! 알맞은 말을 골라 보세요.

Does she have (many / much) money?

(그녀는 많은 돈을 가지고 있니?)

money는 셀 수 없는 명사!
따라서 **much**와 함께 씁니다.
물론 much 대신에 a lot of (lots of)도 가능합니다.

Does she have much money?
= Does she have a lot of money?

다음 빈칸에 들어갈 수 <u>없는</u> 말을 고르세요.   Unit 22.

There are _____ children.

① many   ② much   ③ a lot of

children(어린이들)에 집중해보세요. child(어린이)는 셀 수 있는 명사이고 복수형이 children이죠?
셀 수 있는 명사는 many나 a lot of(lots of)와 쓸 수 있어요. much는 셀 수 없는 명사와 씁니다.
'어린이들이 많이 있다'라는 뜻이에요.

정답 ②

3. '조금'을 의미하는 표현

> ### a few + 셀 수 있는 명사
> ### a little + 셀 수 없는 명사

두 표현 모두 '조금'이란 뜻인데요.
a few는 셀 수 있는 명사와 쓰고, a little은 셀 수 없는 명사와 써요.

바로 문제 적용해 볼게요.

> ## He has (a little / a few) friends.
> (그는 친구가 조금 있다.)

friends는 셀 수 있는 명사이기 때문에
정답은 **a few**예요.

a few가 조금이지만 그래도 여러 개 있는 걸 의미하니까
a few 다음에 friends로 **복수명사**를 쓴 것을 확인하세요.

Quiz 2

다음 빈칸에 들어갈 수 <u>없는</u> 말을 고르세요.   Unit 22.

I picked _____ apples.

① many   ② a few   ③ a little

apple(사과)은 셀 수 있는 명사이죠? apples로 복수명사를 썼어요. 셀 수 있는 명사와 쓸 수 있는 것은
① many와 ② a few입니다. ①로 쓰면 '나는 많은 사과들을 땄다.'라는 뜻이고요. ②로 쓰면
'나는 사과를 조금 땄다'라는 뜻이에요. ③ a little은 셀 수 없는 명사와 써요.   정답 ③

> ### few + 셀 수 있는 명사
> ### little + 셀 수 없는 명사

few와 little은 '거의 없는'이란 뜻인데요.
few는 셀 수 있는 명사와 쓰고 little은 셀 수 없는 명사와 써요.

문제를 풀어 보세요.

> ### There are (few / little) chairs in the room.
> (방 안에 의자가 거의 없다.)

chairs에 동그라미!
chair(의자)는 셀 수 있고, 여기에 복수형으로 썼죠?
따라서 셀 수 있는 명사와 쓰는 **few**가 정답입니다.

그런데, 여기서 잠깐!
많은 학생들이 a few와 few의 뜻을 헷갈려 해요.
둘의 차이점을 짚고 넘어갈게요.

a few와 few 모두 셀 수 있는 물체가 별로 없을 때
쓸 수 있는데요.

차이점은 바로 **긍정적인지, 부정적인지**의 태도에 따라 달라져요.

어머!
조금이라도 있네!

거의 없네!

a few   **few**

a few는 **어!(a)** 조금이라도 있네!라는 긍정적 의미가 들어 있어요.
기억하기 쉽게, 감탄사 어!와 a를 연상해 보세요.
few는 a가 없으니까 '거의 없네!'라는 부정적 의미가 있어요.

a little과 little도 마찬가지예요.
어! 조금이라도 있네? 그럼 **a little**
a가 없네? 그럼 **little**.

그럼 문제 적용해서 연습을 해볼게요.
다음 중 우리말에 올바른 표현은 뭘까요?

There is (few / little / a little) wind today.

(오늘 바람이 거의 없다.)

wind는 바람!
바람은 하나, 둘이라고 **셀 수 없는 명사**예요.
셀 수 있는 명사와 쓰는 few는 탈락.

little과 a little 중에 골라야 하는데요.
a little과 little은 둘 다 셀 수 없는 명사와 쓸 수 있지만
'거의 없다'는 부정적인 의미이니까 **little**이 답이 됩니다.

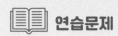
머리에 콕콕 Unit 22.

다음 <보기>에서 알맞은 말을 골라 빈칸을 완성해 보세요.

보기

- much
- many
- little
- a little

뜻	표현	함께 쓰는 명사
많은	① _____	셀 수 있는 명사
	② _____	셀 수 없는 명사
	a lot of(lots of)	셀 수 있는 / 없는 명사
적은, 조금	a few	셀 수 있는 명사
	③ _____	셀 수 없는 명사
거의 없는	few	셀 수 있는 명사
	④ _____	셀 수 없는 명사

정답 ① many ② much ③ a little ④ little

문법 Talk

고딸영문법1 Unit 22. 수와 양을 나타내는 형용사   100%

스텔라, many와 함께 쓸 수 있는 명사는?

셀 수 있는 명사요!

그럼, much와 같이 쓸 수 있는 명사는?

셀 수 없는 명사요!

a lot of와 같이 쓰는 명사는?

셀 수 있는 명사, 없는 명사 모두요!
a lot of가 제일 좋아요ㅋㅋㅋ

매일 10문장

[1-5] 다음 중 올바른 것을 고르세요.

1. We have (much / many) eggs.

2. There are (a lot of / much) ants on the bench.

3. I don't have (many / much) sugar.

4. They have (a few / a little) trees.

5. There is (few / little) water in the fish tank.

[6-8] 다음 <보기>에서 알맞은 말을 골라 빈칸을 완성하세요.

보기	much	a few	little	many

6. 나는 사과를 조금 샀다.   I bought _____ apples.

7. 우리는 많은 쌀을 가지고 있지 않다.   We don't have _____ rice.

8. 그는 우유를 거의 마시지 않는다.   He drinks _____ milk.

[9-10] 다음 문장 해석을 쓰세요.

9. She has a few oranges. _____

10. She has few oranges. _____

[단어] 1. **egg** 달걀 2. **ant** 개미 **bench** 벤치 5. **fish tank** 수조 6. **bought** 샀다 [**buy** 사다] 7. **rice** 쌀

Unit 21 복습 TEST

[복습] 문장의 빈칸을 완성해 보세요.

1. 이 쿠키는 달콤하다.   This cookie is _____.

2. 그녀는 큰 개 한 마리를 가지고 있다. She has a _____ dog.

3. 그것은 슬픈 이야기이다.   It is a _____ story.

4. 나는 춥다.   I am _____.

5. 그녀는 긴 머리를 가지고 있다.   She has _____ hair.

Unit 23. some과 any의 차이점

some과 any는요.
앞에서 배운 표현처럼 수와 양을 나타내는 형용사예요.

일상생활에서 정말 많이 사용하기 때문에
이번 유닛에서 집중적으로 공부해 볼게요.

1. some과 any의 공통점

'약간의, 조금, 어떤, 몇몇의' 이란 의미로
셀 수 있는 명사, 셀 수 없는 명사와 함께 쓸 수 있어요.

> **some과 any의 공통점**
> 1) **약간의, 조금, 어떤, 몇몇의**
> 2) **셀 수 있는 / 없는 명사 모두 씀**

예문을 볼게요.

> 1) **He bought some flowers.** (그는 꽃을 조금 샀다.)
> 2) **Did he buy any flowers?** (그가 꽃을 조금 샀니?)

some과 any 둘 다 '조금'이란 의미로 썼고요,
셀 수 있는 명사 flowers 앞에 왔어요.
셀 수 있는 명사가 조금 있는 거니까 flower에 s를 붙여 복수형으로 쓴 것도 확인하세요.

또 다른 예문!

¹⁾ **I have some money.** (나는 돈이 조금 있다.)

²⁾ **I don't have any money.** (나는 돈이 조금도 없다.)

some과 any 모두 '조금'이란 뜻으로 썼고요.
셀 수 없는 명사 money(돈)와 함께 썼어요.

2. some과 any의 차이점

그럼, some과 any는 어떤 점이 다를까요?

¹⁾ **차이점**

some: 긍정문 any: 부정문

some은 긍정문에 쓰지만 any는 부정문에 써요.

예문을 볼게요.

I need some plates. (나는 접시가 조금 필요해.)

문장에 물음표도 없고, 부정을 나타내는 not도 없으니깐 긍정문! 그래서 some을 썼어요.

또 다른 예문!

> **I don't have any pencils.** (나는 연필이 (조금도) 없어.)

don't처럼 부정어가 들어간 문장이 부정문이죠?
따라서 any를 썼어요.

우리말로 해석할 때
문맥에 따라 '조금도'라는 의미는 생략하기도 해요.

다음 빈칸에 들어갈 수 있는 단어를 고르세요.   Unit 23.

I ate _____ bananas. (나는 바나나를 조금 먹었다.)

① some   ② any

some과 any 중 알맞은 표현을 고르는 문제예요. 바나나를 먹었다는 긍정문에 썼기 때문에
some이 정답입니다. any는 부정문에 써요.   정답 ①

그럼, some과 any의 두 번째 차이점은 뭘까요?

> ²⁾ **차이점**
>
> **some: 권유/부탁 의문문**
> **any: 일반 의문문**

둘 다 의문문에 쓰지만, 의문문의 의도에 따라 구분해서 표현을 써야 해요.
의문문을 보면 any를 먼저 떠올리면 되고요.
권유나 부탁으로 **"~할래?" "~해 줄래?"**로 해석하면
some을 쓴다고 기억하면 되어요.

예문!

Do you have any dogs? (너는 개를 (조금이라도) 가지고 있니?)

단순한 의문문이기 때문에 any를 썼어요.
의문문에서도 우리말로 해석할 때
any의 의미는 종종 생략하기도 해요.

또 다른 예문!

1) Would you like some water? (물 좀 마실래?)
2) Can I get some water? (물 좀 마셔도 될까?)

1) 물 한 잔을 **권유**하는 의문문이니까 some을 썼어요.
2) 물을 마셔도 되는지 **부탁**하는 의문문이니까 some을 썼어요.

앞으로 some과 any가 나오면
긍정문인지 부정문인지 권유/부탁하는 의문문인지, 일반 의문문인지를
따져보세요!

머리에 콕콕

Unit 23.

다음 <보기>에서 알맞은 말을 골라 빈칸을 완성해 보세요.

보기	some과 any		예
• any • 부정문 • 긍정문 • some	공통점	1) 약간의, 조금, 어떤, 몇몇의 2) 셀 수 있는/없는 명사 모두 씀	I have ① _____ money. (나는 돈이 조금 있다.) I don't have ② _____ money. (나는 돈이 조금도 없다.)
	차이점	some: ③ _____, 권유(부탁) 의문문	I need some plates. (나는 접시를 조금 필요로 한다.)
		any: ④ _____, 의문문	I don't have any pencils. (나는 연필이 (조금도) 없어.)

정답 ① some ② any ③ 긍정문 ④ 부정문

문법 Talk

매일 10문장

[1-5] 다음 빈칸에 some이나 any를 넣으세요.

1. I don't have _____ coins.

2. We need _____ chairs.

3. She has _____ bananas.

4. Are there _____ birds on the tree?

5. Would you like _____ coffee?

[6-10] 다음 밑줄 친 부분이 맞으면 O, 틀리면 X를 하고 바르게 고치세요.

6. I want <u>some</u> water. _____

7. Do you have <u>any</u> pens? _____

8. There aren't <u>any</u> ducks on the lake. _____

9. We don't have <u>some</u> food at home. _____

10. Does she have <u>some</u> children? _____

[단어] 1. **coin** 동전 5. **Would you like ~?** ~하시겠어요? 8. **duck** 오리 **lake** 호수
9. **food** 음식 10. **children** 아이들

[복습] 문장의 빈칸을 완성해 보세요.

1. 우리는 많은 달걀을 가지고 있다. We have _____ eggs.

2. 나는 많은 설탕을 가지고 있지 않다. I don't have _____ sugar.

3. 나는 사과를 조금 샀다. I bought a _____ apples.

4. 그는 우유를 거의 마시지 않는다. He drinks _____ milk.

5. 그는 오렌지를 거의 가지고 있지 않다. He has _____ oranges.

Unit 24. 부사란?

1. 부사란 무엇인가?

예문을 보면서 부사 개념을 잡아 볼게요.

I ate my lunch. (나는 나의 점심을 먹었어.)

"어떻게 먹었어?"

I ate my lunch quickly. (나는 나의 점심을 빠르게 먹었어.)

이 문장에서 quickly(빠르게)가 바로 부사랍니다.
점심을 '어떻게' 먹었는지 부연 설명해 주고 있어요.

또 다른 예문!

She walks slowly. (그녀는 느리게 걷는다.)

slowly(느리게)가 부사예요.
걸어가는 모습을 부연 설명해 주고 있어요.

이처럼 부사는 부연 설명을 할 때 씁니다.

부사 = 부연 설명하는 말

2. 부사의 기본 형태

대부분의 부사는요.
형용사에 ly를 붙이고, '~하게'라고 해석을 해요.

형용사		부사
slow(느린)	–	**slowly**(느리게, 천천히)
quick(빠른)	–	**quickly**(빠르게, 빨리)
loud(시끄러운)	–	**loudly**(시끄럽게)

그런데, 만약 형용사가 y로 끝나면요.
y를 i로 바꾸고 ly를 붙입니다.

형용사		부사
happy(행복한)	–	**happily**(행복하게)
lucky(운 좋은)	–	**luckily**(운 좋게)

y의 특이한 고집쟁이 성격을 기억하세요~

Quiz 1

다음 형용사를 부사로 바꿔 쓰세요.   Unit 24.

1) beautiful _____   **2) heavy** _____

1) beautiful(아름다운)에 ly를 붙이면 '아름답게'라는 부사가 됩니다.
2) heavy(무거운)은 y로 끝나니까 y를 i로 바꾸고 ly를 붙이면 '무겁게'라는 부사가 되어요.   정답 1) beautifully 2) heavily

3. 부사의 다양한 형태

모든 부사가 ly를 달고 있으면 참 쉬울 텐데요.
사실 부사의 종류는 매우 다양합니다.

문장의 부연 설명에 해당하는 표현이 아주 많거든요.

어떻게? 언제? 어디서? 어느 정도?

여기에 답이 되는 표현이 모두 부사가 될 수 있어요.

어떻게	언제	어디서	어느 정도
slowly (천천히)	**yesterday** (어제)	**here** (여기에)	**very** (매우)
quickly (빠르게)	**today** (오늘)	**there** (거기에)	**really** (정말)
sadly (슬프게)	**now** (지금)		**so** (정말)

방법, 시간, 장소, 정도를 나타내는 말이 모두 **부사**일 수 있어요.

자, 그럼 다음 문장에서 부사를 찾아보세요.

¹⁾ **Amy met Jack yesterday.** (에이미는 잭을 어제 만났다.)
²⁾ **He eats slowly.** (그는 천천히 먹는다.)
³⁾ **I will have dinner there.** (나는 거기에서 저녁을 먹을 것이다.)

1) **yesterday** '어제'는 '언제'에 해당하는 부연 설명이니까 부사
2) **slowly** '천천히'는 '어떻게'에 해당하는 부연 설명이니까 부사
3) **there** '거기에서'는 '어디서'에 해당하는 부연 설명이니까 부사

세상에나.
부사가 진짜 많네요
ㅠㅠㅠ
너무 어려워요!

어렵지 ㅠㅠ
엄마가 부사의 특징
한 가지 더
알려줄게.

우리 위의 문장에서 부사를 다 생략해볼게요.

1) **Amy met Jack ~~yesterday~~.** (에이미는 잭을 ~~어제~~ 만났다.)

2) **He eats ~~slowly~~.** (그는 ~~천천히~~ 먹는다.)

3) **I will have dinner ~~there~~.** (나는 ~~거기에서~~ 저녁을 먹을 것이다.)

부사를 빼도 문장 자체는 다 말이 되어요.

부사는 꾸미기 대장

부사는 문장의 필수 단어가 아니라
방법, 시간, 장소 등의 부연 설명을 하면서
꾸미는 단어라고 기억하면 됩니다.

Quiz 2

다음 문장에서 부사를 찾아보세요.

I am so happy. (나는 정말 행복해.)

so는 '정말'이란 뜻으로 부사예요. happy는 '행복한'이란 형용사입니다.   정답 so

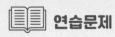
머리에 콕콕

Unit 24.

다음 <보기>에서 알맞은 말을 골라 빈칸을 완성해 보세요.

보기	• quickly	• very	• 부사

개념	의미	예
① _____	부연 설명해 주는 말	He eats slowly. (그는 천천히 먹는다.)
부사의 형태	• 형용사에 ly를 붙임 • 방법, 시간, 장소, 정도를 나타내는 단어	② _____(빠르게), sadly(슬프게) ③ _____(매우), there(거기에서)

정답 ① 부사 ② quickly ③ very

문법 Talk

매일 10문장

[1-5] 다음 문장에서 부사를 찾아 밑줄 그어 보세요.

1. 그는 그의 일을 빨리 끝마쳤다.   He finished his work quickly.

2. 운 좋게도, 나는 티켓을 구했다.   Luckily, I got the ticket.

3. 나는 정말로 미안해.   I'm really sorry.

4. 그녀는 아름답게 춤춘다.   She dances beautifully.

5. 나는 너를 거기에서 만날 것이다.   I will see you there.

[6-10] 다음 주어진 단어를 부사로 바꿔 빈칸에 알맞은 말을 쓰세요.

6. You should touch it _____. (careful)

7. I solved the problem _____. (easy)

8. He _____ helped me. (kind)

9. The dog barks _____. (loud)

10. They live _____. (happy)

[단어]   1. **finish** 끝나다 2. **got** 구했다 [**get** 구하다] **ticket** 티켓 5. **will** ~할 것이다
　　　　6. **should** ~해야 한다 **touch** 만지다 **careful** 조심스러운 7. **solve** 풀다 9. **bark** 짖다

[복습] 문장의 빈칸을 완성해 보세요.

1. 나는 동전을 조금도 가지고 있지 않다.   I don't have _____ coins.

2. 우리는 의자를 조금 필요로 한다.   We need _____ chairs.

3. 너는 펜을 가지고 있니?   Do you have _____ pens?

4. 나는 물을 조금 원한다.   I want _____ water.

5. 그녀는 아이가 있니?   Does she have _____ children?

Unit 25. 부사의 역할

우리 앞에서 부사가 부연 설명해 주는 말이고
형태도 다양하다고 배웠어요.

이번 유닛에서는 꾸미기 대장인 부사가 구체적으로
누구를 부연 설명해 주는지 알아볼게요.

1. 동사 부연 설명

부사는 동사를 부연 설명해요.

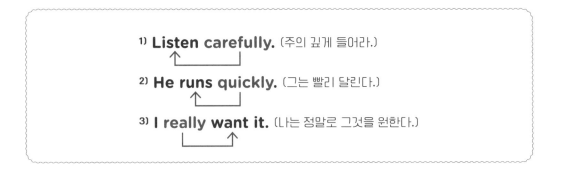

1) 부사 **carefully**(주의 깊게)가 동사 listen(듣다)을 꾸미고 있어요.
2) 부사 **quickly**(빠르게)가 동사 runs(달리다)를 꾸미고 있어요.
3) 부사 **really**가 동사 want(원하다)의 정도를 나타내며 꾸미고 있어요.

2. 형용사 부연 설명

부사는 형용사를 꾸미기도 해요.

She is very smart. (그녀는 매우 똑똑하다.)

very(매우)는 부사, smart(똑똑한)는 형용사.
very가 smart라는 형용사를 꾸미며 똑똑한 정도를 나타내요.

3. 부사 부연 설명

부사는 부사를 꾸미기도 해요.

It moves very slowly. (그것은 매우 천천히 움직인다.)

very(매우)는 부사인데요.
slowly(천천히)도 부사죠?

부사 very가 정도를 나타내며 slowly를 꾸미고 있어요.

4. 문장 부연 설명

부사는 문장 전체를 부연 설명하기도 해요.

Luckily, I passed the test. (운이 좋게도, 나는 시험에 합격했다.)

Luckily(운이 좋게도)가 부사인데요.
문장 자체를 꾸며줍니다.

이처럼 부사는 동사, 형용사, 부사, 문장
모두 모두를 꾸며주니까
꾸미기 대장 인정!

여기서! 한 가지 기억해야 할 게 있어요!

부사가 이것저것 많이 꾸미지만
꾸미지 못하는 단어가 있어요.

바로 명사!
명사는 **형용사** 담당이에요.

> **형용사:** 명사 수식
>
> **부사:** 동사, 형용사, 부사, 문장 수식

그럼 여기서 많은 분이 헷갈려 하는
형용사와 부사의 차이를 한번 짚고 넘어갈게요.

5. 형용사와 부사의 차이

형용사와 부사는
뜻, 위치, 역할이 다 달라요.

	형용사	부사
뜻	~한	(주로) ~하게
위치	1) 명사 앞 2) be동사 뒤	여기저기 (부연 설명하고 싶은 위치)
역할	명사 수식, 주어 설명	동사, 형용사, 부사, 문장 수식

형용사는 '**~한 / ~ㄴ**'이란 뜻으로
명사 앞, be동사 뒤에 쓰며 **명사를 수식하고** 주어에 대해 보충 설명을 하는데요.

부사는 보다 다양한 뜻으로 여기저기 꾸미기를 좋아해요.
동사, 형용사, 부사, 문장 등을 꾸미니 훨씬 오지랖이 넓죠~

그럼 문제를 풀면서 익혀 볼게요.

다음 중 알맞은 표현은 무엇일까요?

> ## She is a (beautiful / beautifully) girl.

beautiful(아름다운)이라는 뜻의 형용사!
beautifully(아름답게)라는 부사예요.

형용사를 쓸지 부사를 쓸지 생각해 봐야 해요.

1) 뜻: 그녀는 아름다운 소녀이다.
2) 위치: 명사 girl 앞
3) 역할: girl이라는 명사를 수식

따라서, 형용사 beautiful이 정답이에요.

Quiz 1

다음 빈칸에 들어갈 수 있는 단어를 고르세요.   Unit 25.

He speaks _____ .

① slow   ② slowly

slow는 '느린'이란 형용사이고, slowly는 '느리게'라는 뜻의 부사예요. 뜻, 위치, 역할을 확인해 볼게요.
1) 뜻: 그는 천천히 말한다. 2) 위치: 일반동사 speaks 뒤 3) 역할: 동사 speaks를 수식하므로 부사를 써야 합니다.   정답 ②

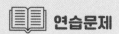

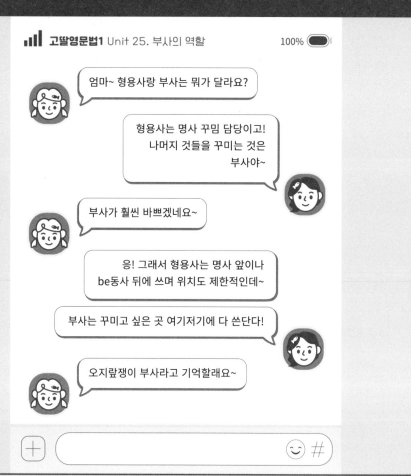

머리에 콕콕

Unit 25.

다음 <보기>에서 알맞은 말을 골라 빈칸을 완성해 보세요.

보기	▪ 형용사 ▪ 부사 ▪ 동사

개념	정의
부사의 역할	• ①_____ 부연 설명: He runs quickly. (그는 빨리 달린다.) • 형용사 부연 설명: She is very smart. (그녀는 매우 똑똑하다.) • 부사 부연 설명: It moves very slowly. (그것은 매우 천천히 움직인다.) • 문장 부연 설명: Luckily, I passed the test. (운이 좋게도, 나는 시험에 합격했다.)
형용사와 부사 차이	②_____ : 명사 수식, 주어 보충 설명 ③_____ : 동사, 형용사, 부사, 문장 수식

정답 ① 동사 ② 형용사 ③ 부사

문법 Talk

ıll 고딸영문법1 Unit 25. 부사의 역할　　　　100% 🔋

> 엄마~ 형용사랑 부사는 뭐가 달라요?

> 형용사는 명사 꾸밈 담당이고!
> 나머지 것들을 꾸미는 것은
> 부사야~

> 부사가 훨씬 바쁘겠네요~

> 응! 그래서 형용사는 명사 앞이나
> be동사 뒤에 쓰며 위치도 제한적인데~

> 부사는 꾸미고 싶은 곳 여기저기에 다 쓴단다!

> 오지랖쟁이 부사라고 기억할래요~

매일 10문장

[1-3] 다음 밑줄 친 부사가 부연 설명하는 단어를 찾아 쓰세요.

1. 그는 키가 매우 크다. He is <u>very</u> tall. _____

2. 그는 빠르게 걷는다. He walks <u>quickly</u>. _____

3. 나는 정말로 그 음악을 좋아한다. I <u>really</u> like the music. _____

[4-7] 다음 밑줄 친 단어가 형용사인지 부사인지 쓰세요.

4. 그녀는 아름답다. She is <u>beautiful</u>. _____

5. 그들은 시끄럽게 이야기했다. They talked <u>loudly</u>. _____

6. 너는 매우 친절하다. You are <u>very</u> kind. _____

7. 이 시험은 어렵다. This test is <u>difficult</u>. _____

[8-10] 다음 문장에서 밑줄 친 부분을 바르게 고치세요.

8. 그는 천천히 운전한다. He drives <u>slow</u>. _____

9. 그녀는 슬프게 울었다. She cried <u>sad</u>. _____

10. 그들은 빠르게 달린다. They run <u>quick</u>. _____

[단어] 3. **music** 음악 5. **talked** 이야기했다 [**talk** 이야기하다] **loudly** 시끄럽게 7. **difficult** 어려운 8. **drive** 운전하다
9. **cried** 울었다 [**cry** 울다] 10. **run** 뛰다

[복습] 문장의 빈칸을 완성해 보세요.

1. 운 좋게, 나는 그 티켓을 구했다. _____, I got the ticket.

2. 그녀는 아름답게 춤을 춘다. She dances _____.

3. 너는 그것을 조심스럽게 만져야 한다. You should touch it _____.

4. 그 개는 시끄럽게 짖는다. The dog barks _____.

5. 그들은 행복하게 산다. They live _____.

Unit 24 복습 TEST

부사와 형용사의 형태가 같은 단어들이 있어요.

욕심쟁이 단어!

어떤 단어들이 이렇게 욕심이 많은 건지 살펴 볼게요.

단어	형용사	부사
hard	딱딱한, 어려운	열심히
pretty	예쁜	꽤
early	이른	일찍
late	늦은	늦게
fast	빠른	빨리
much	많은	많이

각각의 단어가 형용사 뜻과 부사 뜻 모두를 가지고 있어요.

형용사일 때는 '**~한, ~ㄴ**'이란 뜻이고
부사는 기본적으로 '**~하게**'라는 뜻이지만
단어에 따라 그때그때 달라요.

엄마~ 그럼 단어를 봤을 때 형용사로 썼는지 부사로 썼는지 어떻게 알아요?

뜻, 위치, 역할을 비교해 봐야 해.

단어만 보면 형용사인지 부사인지 알 수 없기 때문에
문장 속에서 역할을 비교해 봐야 해요.

	형용사	부사
뜻	~한	(주로) ~하게
위치	1) 명사 앞 2) be동사 뒤	여기저기 (부연 설명하고 싶은 위치)
역할	명사 수식, 주어 보충 설명	동사, 형용사, 부사, 문장 수식

예문을 볼게요.

You should study hard.

hard는 형용사일까요? 부사일까요?
study(공부하다)라는 동사 뒤에 있죠?
동사 study를 꾸며주는 역할,
따라서 부사이니까 '열심히'라고 해석해요.

너는 공부를 **열심히** 해야 한다.

This book isn't hard.

hard는 형용사일까요? 부사일까요?
hard가 be동사 부정형 is not 뒤에 있어요.
주어 This book이 어떠한지 보충 설명을 하니까 형용사예요.
그래서! '어려운'이라고 해석하면 됩니다.

이 책은 **어렵지** 않다.

마지막으로, 조금 더 어려운 예문을 볼게요.

I am pretty tired.

무슨 뜻일까요?

나는 예쁜 피곤한?
이상해요 ㅠㅠ

아니야. pretty가
여기서는 부사야.

pretty가 형용사 tired(피곤한)를 꾸며주는 부사예요.

I am pretty tired.

따라서 pretty는 '예쁜'이란 형용사 뜻이 아니라
부사로 '꽤'라는 뜻입니다.

나는 **꽤** 피곤하다.

다음 두 문장도 모두 pretty가 '꽤'라는 뜻으로 썼어요.

1) **I'm pretty hungry.** (나는 꽤 배고프다.)

2) **She's pretty fast.** (그녀는 꽤 빠르다.)

1)은 pretty가 형용사 hungry(배고픈) 앞에 썼고요.
2)는 pretty가 형용사 fast(빠른) 앞에 썼어요.
앞으로는 pretty를 보면 '예쁜'말고 '꽤'라는 뜻도 기억해 주세요!

꿀팁 한 가지!
hard에 ly가 붙은 hardly는 '거의 ~하지 않는'이란 뜻의 부사!
late에 ly가 붙은 lately는 '최근에'라는 부사이니
이 뜻들도 기억하세요~

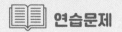
Unit 26.

머리에 콕콕

다음 <보기>에서 알맞은 말을 골라 빈칸을 완성해 보세요.

보기

- 꽤
- 이른
- 많이
- 열심히

단어	형용사	부사
hard	딱딱한, 어려운	① _____ (hardly: 거의 ~하지 않는)
pretty	예쁜	② _____
early	③ _____	일찍
late	늦은	늦게 (lately: 최근에)
fast	빠른	빨리, 빠르게
much	많은	④ _____

정답 ① 열심히 ② 꽤 ③ 이른 ④ 많이

문법 Talk

매일 10문장

[1-7] 다음 밑줄 친 단어가 형용사인지 부사인지 쓰세요.

1. 너는 빠르게 운전하면 안 된다.   You should not drive <u>fast</u>.   _____

2. 그들은 많은 돈이 없다.   They don't have <u>much</u> money.   _____

3. 이것은 어려운 문제이다.   This is a <u>hard</u> problem.   _____

4. 나의 엄마는 예쁘다.   My mom is <u>pretty</u>.   _____

5. 나는 일찍 일어난다.   I get up <u>early</u>.   _____

6. 너는 빠르다.   You are <u>fast</u>.   _____

7. 이 음식은 꽤 맛있다.   This food is <u>pretty</u> good.   _____

[8-10] 다음 <보기>에서 알맞은 말을 골라 빈칸을 완성하세요.

보기	lately late hard hardly

8. 브라이언은 자주 늦는다.   Brian is often _____.

9. 그는 공부를 거의 하지 않는다.   He _____ studies.

10. 그녀는 열심히 시도한다.   She tries _____.

[단어] 3. **problem** 문제 7. **good** 맛있는 10. **try** 시도하다

Unit 25 복습 TEST

[복습] 문장의 빈칸을 완성해 보세요.

1. 나는 정말로 그 음악을 좋아한다.   I _____ like the music.

2. 그는 빠르게 걷는다.   He walks q_____.

3. 그녀는 아름답다.   She is _____.

4. 그는 천천히 운전한다.   He drives _____.

5. 그녀는 슬프게 울었다.   She cried _____.

Unit 27. 빈도부사

1. 빈도부사란

빈도부사는요! 빈도수를 나타내는 말이에요.

빈도부사 = 빈도수를 나타내는 말

자, 저의 질문에 답해 보세요.

"외식 얼마나 자주 해?"

| 항상 | 가끔 | 전혀 |

이런 표현들이 빈도부사랍니다.
빈도수를 기준으로 표현을 나열해 볼게요.

항상	보통, 일반적	자주	가끔	좀처럼 ~않는	전혀 ~않는
always	usually	often	sometimes	seldom	never

항상, 매일 하는 일에는 **always**
특별한 일 없이 보통 일반적으로 하는 일에는 **usually**
자주 빈번히 하는 일에는 **often**
어쩌다 가끔 하는 일에는 **sometimes**
좀처럼 하지 않는 일에는 **seldom**
전혀 하지 않는 일에는 **never**를 써요.

Quiz 1

다음 우리말에 해당하는 빈도부사를 영어로 쓰세요.   Unit 27.

1) 자주 _____   **2) 가끔** _____   **3) 전혀 ~않는** _____

정답 1) often 2) sometimes 3) never

문제를 함께 봅시다.
다음에 들어갈 빈도부사는 무엇일까요?

전 별일 없으면
저녁 6시에 식사해요

I _____ have dinner at 6. (나는 보통 저녁을 6시에 먹는다.)

'보통'에 해당하는 표현으로 **usually**가 정답입니다.

나음 문제!

앗, 시간이 벌써
이렇게~

He is _____ late. (그는 가끔 지각한다.)

자주는 아니고 어쩌다 가끔 하는 일에는 **sometimes**를 써요.

2. 빈도부사의 위치

우리 이제까지 부사는 꾸미고 싶은 단어에 따라
여기저기에 위치한다고 배웠어요.

그러나! 빈도부사는 특이한 별종! 바로 딱 **정해진 위치**에 써야 합니다.

방금 본 예문을 다시 가지고 올게요.
빈도부사가 어디에 있나요?

---

1) **I usually have dinner at 6.** (나는 보통 6시에 저녁을 먹는다.)

2) **He is sometimes late.** (그는 가끔 늦는다.)

---

1)에서 빈도부사 usually는 have라는 **일반동사 앞**에 썼고요.
2)에서 빈도부사 sometimes는 **be동사 is 뒤**에 썼어요.

정리해 보면요~

빈도부사의 위치
일반동사 앞, 비(be)동사 뒤

엄마, 빈도부사 위치를 어떻게 또 기억하죠?

앞 글자만 기억하면 일앞비뒤 ㅋㅋ

예문을 더 볼게요.

She drinks coffee in the morning. (그녀는 아침에 커피를 마신다.)

위의 문장에 often(자주)라는 빈도부사를 넣어볼까요?

She often drinks coffee in the morning. (그녀는 자주 아침에 커피를 마신다.)

일앞비뒤! 일반동사 drinks 앞에 빈도부사를 쓰면 됩니다.

한 문제 더!

He is kind. (그는 친절해.)

위의 문장에 always(항상)이라는 빈도부사를 넣어볼까요?

He is always kind. (그는 항상 친절해.)

일앞비뒤! be동사 is 뒤에 빈도부사를 쓰면 됩니다.

빈도부사의 까다로운 위치까지 확인하면 공부 끝!

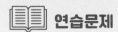

Unit 27.

머리에 콕콕

다음 <보기>에서 알맞은 말을 골라 빈칸을 완성해 보세요.

보기
- usually
- 앞
- sometimes
- 뒤
- never

개념	의미
빈도부사	빈도수를 나타내는 말
빈도부사의 종류	always(항상), ① _____(보통), often(자주, 종종), ② _____(가끔), seldom(좀처럼 ~않는), ③ _____(전혀 ~않는)
빈도부사의 위치	일반동사 ④ _____ I usually have dinner at 6. (나는 보통 저녁을 6시에 먹는다.)
	be동사 ⑤ _____ He is sometimes late. (그는 가끔 지각한다.)

정답 ① usually ② sometimes ③ never ④ 앞 ⑤ 뒤

문법 Talk

매일 10문장

[1-4] 다음 <보기>에서 알맞은 말을 골라 빈칸을 완성하세요.

보기		always	often	sometimes	never

1. 나는 가끔 슬프다.   I am _____ sad.

2. 그는 종종 나에게 전화를 한다.   He _____ calls me.

3. 그녀는 항상 열심히 일한다.   She _____ works hard.

4. 잭은 절대 포기하지 않는다.   Jack _____ gives up.

[5-7] 다음 문장 해석을 쓰세요.

5. I usually walk to school.   _____

6. Tom seldom eats seafood.   _____

7. She always helps me.   _____

[8-10] 다음 괄호 안의 빈도부사를 넣어 문장을 완성하세요.

8. I drink tea. (sometimes)   _____

9. She works at 8. (usually)   _____

10. They are busy. (always)   _____

[단어] 2. **call** 전화를 하다 4. **give up** 포기하다 6. **seafood** 해산물 8. **tea** 차 10. **busy** 바쁜

[복습] 문장의 빈칸을 완성해 보세요.

1. 그들은 많은 돈이 없다.   They don't have _____ money.

2. 나는 일찍 일어난다.   I get up _____.

3. 이 음식은 꽤 맛있다.   This food is p_____ good.

4. 브라이언은 자주 늦는다.   Brian is often _____.

5. 그녀는 열심히 시도한다.   She tries _____.

Unit 26 복습 TEST

Unit 28. 종합 TEST

A. 다음 문제를 풀어 보세요.

[1-3] 다음 빈칸에 들어갈 수 <u>없는</u> 것을 고르세요.

1

Amy is a _____ girl.

① smart   ② nice

③ happily   ④ pretty

2

I have many _____.

① friends   ② books

③ balls   ④ money

3

You should drive _____.

① carefully   ② slowly

③ quick   ④ safely

[4-5] 다음 중 알맞은 것을 고르세요.

4

나는 오렌지를 조금 가지고 있다. I have (a few / a little) oranges.

5

우리는 많은 우유를 가지고 있지 않다. We don't have (many / much) milk.

[6 8] 다음 괄호 안의 단어를 알맞은 곳에 넣어 문장을 다시 쓰세요.

6

He has a house. (big)

_____

7

I am sad. (often)

_____

8

He walks to school. (always)

_____

9 다음 밑줄 친 단어 중 부사가 <u>아닌</u> 것을 고르세요.

① He runs <u>fast</u>.

② I get up <u>early</u>.

③ She is <u>very</u> smart.

④ This is a <u>hard</u> question.

10 다음 중 any가 들어갈 수 <u>없는</u> 것을 고르세요.

① Do you have ___ pencils?

② She wants ___ coffee.

③ There aren't ___ cars on the street.

④ Are there ___ ducks on the lake?

B. 문장의 빈칸을 완성해 보세요.

1 이 쿠키는 달콤하다.   This cookie is _____.

2 그것은 슬픈 이야기이다.   It is a _____ story.

3 그녀는 아름답게 춤을 춘다.   She dances _____.

4 너는 그것을 조심스럽게 만져야 한다.   You should touch it _____.

5 이 음식은 꽤 맛있다.   This food is p_____ good.

6 브라이언은 자주 늦는다.   Brian is often _____.

7 그는 친절하게 나를 도왔다.   He _____ helped me.

8 잭은 절대 포기하지 않는다.   Jack _____ gives up.

9 톰은 좀처럼 해산물을 먹지 않는다.   Tom _____ eats seafood.

10 나는 가끔 차를 마신다.   I _____ drink tea.

C. 다음 밑줄 친 부분을 바르게 고쳐 보세요.

1 우리는 많은 달걀을 가지고 있다.   We have many <u>egg</u>.   _____

2 나는 많은 설탕을 가지고 있지 않다.   I don't have <u>many</u> sugar.   _____

3 우리는 의자를 조금 필요로 한다.   We need a <u>little</u> chairs.   _____

4 너는 펜을 가지고 있니?   Do you have <u>some</u> pens?   _____

5 그 개는 시끄럽게 짖는다.   The dog barks <u>loud</u>.   _____

6 그는 천천히 운전한다.   He drives <u>slow</u>.   _____

7 그녀는 슬프게 울었다.   She cried <u>sad</u>.   _____

8 그는 빠르게 걷는다.   He walks <u>quick</u>.   _____

9 그들은 항상 바쁘다.   They <u>always are</u> busy.   _____

10 그녀는 보통 8시에 일한다.   She <u>works usually</u> at 8.   _____

자세한 해석 및 풀이 다운로드!

Unit 1. 주어와 동사란? 012 쪽

1. We   2. My brother   3. Sujin   4. This
5. We study Chinese.   6. They sing well.
7. My mom is a teacher.   8. I live here.
9. The dog runs fast.   10. Her hair is red.

Unit 2. 명사란? 018 쪽

1. dog   2. books   3. dad   4. a   5. an
6. friends   7. bird   8. cups   9. an
10. flowers

[Unit 1 복습 TEST]   1. brother   2. This
3. study   4. sing   5. live

Unit 3. 명사 복수형 만드는 방법 024 쪽

1. boxes   2. knives   3. potato   4. heroes
5. tomatoes   6. peaches   7. toys   8. cities
9. wolves   10. buses

[Unit 2 복습 TEST]   1. a dog   2. books
3. an   4. cups   5. flowers

Unit 4. 명사 불규칙 복수형 029 쪽

1. sheep   2. women   3. children   4. foot
5. men   6. mice   7. feet   8. O   9. O
10. X, children

[Unit 3 복습 TEST]   1. boxes   2. potato
3. tomatoes   4. cities   5. wolves

Unit 5. 셀 수 있는 명사와 셀 수 없는 명사 037 쪽

1. X   2. O   3. X   4. Lily   5. bread   6. water
7. London   8. O   9. X, freedom   10. X, Jane

[Unit 4 복습 TEST]   1. four women
2. two children   3. three mice   4. tooth
5. fish

Unit 6. 명사 Q & A 045 쪽

1. a paper   2. a bowl of rice   3. glasses
4. pants   5. cups   6. sheets   7. pairs
8. paper   9. milk   10. pairs

[Unit 5 복습 TEST]   1. oranges   2. bread
3. water   4. London   5. cheese

Unit 7. a와 the의 차이점은? 050 쪽

1. a   2. The   3. a   4. The   5. The   6. a
7. The   8. X, The   9. X, the   10. O

[Unit 6 복습 TEST]   1. bowl   2. glasses
3. pants   4. cups   5. pairs, sunglasses

Unit 8. 종합 TEST 051-052 쪽

A   1. ④   2. ③   3. ③   4. ④   5. boxes
    6. teeth   7. ④   8. ①   9. a   10. The

B   1. a dog   2. an apple   3. three knives
    4. four women   5. two children   6. bread
    7. paper   8. bowl   9. pairs   10. The sky

C   1. an   2. tomatoes   3. wolves   4. mice
    5. sheep   6. Lily   7. London   8. cups
    9. The   10. the

Unit 9. 인칭대명사란? 059 쪽

1. He **2.** We **3.** She **4.** They **5.** My
6. your **7.** Our **8.** Her **9.** them **10.** his

[Unit 7 복습 TEST] **1.** a **2.** The **3.** The moon
4. The sky **5.** the violin

Unit 10. 인칭대명사의 성격 065 쪽

1. 1인칭 **2.** 2인칭 **3.** 3인칭 **4.** 단수 **5.** 복수
6. 복수 **7.** 소유격 **8.** 주격 **9.** 소유대명사
10. 목적격

[Unit 9 복습 TEST] **1.** She **2.** My **3.** Her
4. them **5.** his

Unit 11. 인칭대명사 Q & A 070 쪽

1. Its **2.** It's **3.** her **4.** him **5.** 일요일이다.
6. 4시이다. **7.** 그것은 나의 개이다. **8.** them
9. Its **10.** him

[Unit 10 복습 TEST] **1.** They **2.** We **3.** his
4. mine **5.** it

Unit 12. 지시대명사란? 075 쪽

1. This **2.** Those **3.** Those **4.** desk
5. This **6.** Those **7.** These **8.** That
9. These **10.** cup

[Unit 11 복습 TEST] **1.** Its **2.** her **3.** It
4. It **5.** them

Unit 13. 종합 TEST 076-077 쪽

A. **1.** ② **2.** ④ **3.** ② **4.** ④ **5.** ④ **6.** hers
  7. Its **8.** That **9.** These **10.** ④

B. **1.** He **2.** his **3.** They **4.** his **5.** hers
  6. you **7.** her **8.** It **9.** This **10.** boxes

C. **1.** Her **2.** them **3.** mine **4.** it **5.** your
  6. Its **7.** him **8.** Those **9.** This **10.** boys

Unit 14. be동사와 일반동사란? 086 쪽

1. 일반동사 **2.** be동사 **3.** 일반동사 **4.** be동사
5. 톰은 간호사이다. **6.** 너는 똑똑하다.
7. 그들은 해변에 있다. **8.** She is a scientist.
9. He is at school. **10.** We are hungry.

[Unit 12 복습 TEST] **1.** This **2.** Those boxes
3. These **4.** That man **5.** These boys

Unit 15. be동사 짝꿍을 찾아라! 094 쪽

1. is **2.** are **3.** are **4.** is **5.** are **6.** is
7. are **8.** She's **9.** You're **10.** is

[Unit 14 복습 TEST]
1. is **2.** is **3.** are **4.** are **5.** are

Unit 16. be동사 부정문, 의문문 만드는 방법 102 쪽

1. She is not[isn't] in the classroom.
2. I'm not Korean. **3.** Is Tom diligent?
4. Are they good students? **5.** Are, they
6. am **7.** he isn't **8.** I am not sad.
9. They aren't on the table. **10.** Is she angry?

[Unit 15 복습 TEST]
1. is **2.** are **3.** is **4.** are **5.** is

Unit 17. 일반동사에 s 붙이기 109 쪽

1. gets   2. Mina   3. He   4. watches
5. studies   6. washes   7. has   8. does
9. opens   10. goes

[Unit 16 복습 TEST] 1. isn't   2. Are   3. Is
4. not   5. aren't

Unit 18. 일반동사 부정문 만드는 법 116 쪽

1. don't   2. doesn't   3. ride
4. They do not[don't] have a piano.
5. She does not[doesn't] work hard.
6. I do not[don't] like spring.
7. He does not[doesn't] eat fish.
8. doesn't   9. like   10. have

[Unit 17 복습 TEST] 1. gets   2. teaches
3. studies   4. opens   5. goes

Unit 19. 일반동사 의문문 만드는 법 122 쪽

1. Do   2. Does   3. read
4. Does he want a new phone?
5. Do they live in America?
6. Does Amy like flowers?
7. Does she wear glasses?
8. X, have   9. O   10. X, Does

[Unit 18 복습 TEST] 1. doesn't   2. don't have
3. doesn't work   4. don't like   5. doesn't have

Unit 20. 종합 TEST 123-124 쪽

A. 1. ①   2. ③   3. ④
   4. It is not[isn't] a rabbit.
   5. Are they police officers?   6. buys
   7. goes   8. ④   9. ③   10. Do, don't

B. 1. are   2. are   3. is   4. is   5. isn't
   6. Are   7. has   8. doesn't   9. doesn't
   10. Does

C. 1. is   2. are   3. is   4. are   5. not   6. Is
   7. washes   8. doesn't   9. speak   10. Do

Unit 21. 형용사란? 131 쪽

1. sweet   2. big   3. sad
4. He bought new shoes.
5. The house is old.   6. It is a small car.
7. This is a difficult question.
8. He is a nice man.   9. I am cold.
10. She has long hair.

[Unit 19 복습 TEST] 1. Does   2. Do, live
3. Does, like   4. Does   5. Do

Unit 22. 수와 양을 나타내는 형용사 139 쪽

1. many   2. a lot of   3. much   4. a few
5. little   6. a few   7. much   8. little
9. 그녀는 오렌지를 조금 가지고 있다.
10. 그녀는 오렌지를 거의 가지고 있지 않다.

[Unit 21 복습 TEST] 1. sweet   2. big   3. sad
4. cold   5. long

Unit 23. some과 any의 차이점 145 쪽

1. any **2.** some **3.** some **4.** any **5.** some
6. O **7.** O **8.** O **9.** X, any **10.** X, any

[Unit 22 복습 TEST] **1.** many **2.** much
3. few **4.** little **5.** few

Unit 24. 부사란? 151 쪽

1. quickly **2.** Luckily **3.** really
4. beautifully **5.** there **6.** carefully
7. easily **8.** kindly **9.** loudly **10.** happily

[Unit 23 복습 TEST] **1.** any **2.** some **3.** any
4. some **5.** any

Unit 25. 부사의 역할 157 쪽

1. tall **2.** walks **3.** like **4.** 형용사 **5.** 부사
6. 부사 **7.** 형용사 **8.** slowly **9.** sadly
10. quickly

[Unit 24 복습 TEST] **1.** Luckily **2.** beautifully
3. carefully **4.** loudly **5.** happily

Unit 26. 형용사와 부사의 형태가 같은 단어 163 쪽

1. 부사 **2.** 형용사 **3.** 형용사 **4.** 형용사
5. 부사 **6.** 형용사 **7.** 부사 **8.** late **9.** hardly
10. hard

[Unit 25 복습 TEST] **1.** really **2.** quickly
3. beautiful **4.** slowly **5.** sadly

Unit 27. 빈도부사 169 쪽

1. sometimes **2.** often **3.** always **4.** never
5. 나는 보통 학교에 걸어서 간다.
6. 톰은 좀처럼 해산물을 먹지 않는다.
7. 그녀는 항상 나를 돕는다.
8. I sometimes drink tea.
9. She usually works at 8.
10. They are always busy.

[Unit 26 복습 TEST] **1.** much **2.** early
3. pretty **4.** late **5.** hard

Unit 28. 종합 TEST 170-171 쪽

A. **1.** ③ **2.** ④ **3.** ③ **4.** a few **5.** much
  6. He has a big house. **7.** I am often sad.
  8. He always walks to school. **9.** ④ **10.** ②

B. **1.** sweet **2.** sad **3.** beautifully
  4. carefully **5.** pretty **6.** late **7.** kindly
  8. never **9.** seldom **10.** sometimes

C. **1.** eggs **2.** much / a lot of / lots of
  3. few **4.** any **5.** loudly **6.** slowly
  7. sadly **8.** quickly **9.** are always
  10. usually works

고딸영문법

① 기초를 위한 필수 개념 이해

지은이 **고딸 임한결**

그린이 **조한샘**

영문검수 **Scott Wear**

펴낸 곳 **그라퍼**

Thanks to

사랑하는 엄마 아빠, 똑똑한 내동생 그라퍼 사장님,

흔쾌히 검수를 맡아준 제이미 언니, 수진 언니와 김화영 대표님,

최고의 능력자 조한샘 디자이너님,

그리고 인생의 동반자 꿀먹보, 모든 걸 베풀어 주시는 어머님 Ann,

소중한 우리 보물 스텔라

1판 1쇄 그라퍼 2021년 12월 17일

1판 2쇄 그라퍼 2022년 8월 1일

1판 3쇄 그라퍼 2023년 5월 29일

1판 4쇄 그라퍼 2024년 1월 15일

ISBN 979-11-976520-1-1

grapher

🏠 grapherstudio.com

✉ garsimiro@gmail.com

📷 @grapher.official

고딸영어

🏠 blog.naver.com/84hahahoho

📷 @goddal_english

▶ www.youtube.com/c/goddalenglish